plurall

CB137240

Parabéns!
Agora você faz parte do **Plurall**, a plataforma digital do seu livro didático!
No **Plurall**, você tem acesso gratuito aos recursos digitais deste livro por meio do seu computador, celular ou *tablet*.
Além disso, você pode contar com a nossa tutoria *on-line* sempre que surgir alguma dúvida sobre as atividades e os conteúdos deste livro.

Incrível, não é mesmo?
Venha para o **Plurall** e descubra uma nova forma de estudar!
Baixe o aplicativo do **Plurall** para Android e IOS ou acesse **www.plurall.net** e cadastre-se utilizando o seu código de acesso exclusivo:

AAAZKYJNB

Este é o seu código de acesso Plurall.
Cadastre-se e ative-o para ter acesso aos conteúdos relacionados a esta obra.

@plurallnet

@plurallnetoficial

SOMOS EDUCAÇÃO

52081_01 - 664

DA ESCOLA PARA O MUNDO

6º ANO 7º ANO

Projetos Integradores

Arte, Ciências, Educação Física, Geografia, História, Língua Inglesa, Língua Portuguesa e Matemática

Roberta Hernandes

Bacharela e licenciada em Letras pela Universidade de São Paulo (USP)

Mestra e doutora em Literatura Brasileira pela USP

Professora e coordenadora de Língua Portuguesa na rede particular de ensino

Ricardo Gonçalves Barreto

Bacharel e licenciado em Letras pela Universidade Presbiteriana Mackenzie (Mack-SP)

Mestre e doutor em Letras pela Universidade de São Paulo (USP)

Autor de livros didáticos e consultor em Educação

editora ática

editora ática

Direção Presidência: Mario Ghio Júnior
Direção de Conteúdo e Operações: Wilson Troque
Direção editorial: Luiz Tonolli e Lidiane Vivaldini Olo
Gestão de projeto editorial: Mirian Senra e Heloisa Pimentel
Edição: Antonio Alexandre Facciolli, Regina Gomes de Souza e Beatriz Nogueira Camargo
Planejamento e controle de produção: Patrícia Eiras e Adjane Queiroz
Revisão: Hélia de Jesus Gonsaga (ger.), Kátia Scaff Marques (coord.), Rosângela Muricy (coord.), Ana Maria Herrera, Ana Paula C. Malfa, Arali Gomes, Brenda T. M. Morais, Célia Carvalho, Gabriela M. Andrade, Hires Heglan, Luiz Gustavo Bazana, Patricia Cordeiro, Paula R. Baltazar, Raquel A. Taveira; Amanda T. Silva e Bárbara de M. Genereze (estagiárias)
Arte: Daniela Amaral (ger.), Erika Tiemi Yamauchi (coord.)
Diagramação: Nathalia Laia (assist. arte), Gustavo Vanini (manual professor) e Tatiane Porusselli (manual professor)
Iconografia e tratamento de imagem: Sílvio Kligin (ger.), Denise Durand Kremer (coord.), Iron Mantovanello Oliveira (pesquisa iconográfica), Cesar Wolf e Fernanda Crevin (tratamento)
Licenciamento de conteúdos de terceiros: Thiago Fontana (coord.), Celestina Perestrelo, Flávia Zambon, Liliane Rodrigues, Luciana Sposito (licenciamento de textos), Erika Ramires, Luciana Pedrosa Bierbauer, Luciana Cardoso Sousa e Claudia Rodrigues (analistas adm.)
Ilustrações: Cláudio Chiyo e Primo da Cidade ilustras & Co.
Cartografia: Eric Fuzii (coord.)
Design: Erika Tiemi Yamauchi (proj. gráfico) e Adilson Casarotti (capa)
Ilustração de capa: appler/Shutterstock

Avenida das Nações Unidas, 7221, 1º andar, Setor D
Pinheiros – São Paulo – SP – CEP 05425-902
Tel.: 4003-3061
www.atica.com.br / atendimento@atica.com.br

Dados Internacionais de Catalogação na Publicação (CIP)

Hernandes, Roberta
Da escola para o mundo 6º e 7º anos / Roberta Hernandes, Ricardo Gonçalves Barreto. - 1. ed. - São Paulo : Ática, 2019.

Suplementado pelo manual do professor.
Bibliografia.
ISBN: 978-85-08-19302-8 (aluno)
ISBN: 978-85-08-19303-5 (professor)

1. Ensino fundamental. I. Barreto, Ricardo Gonçalves. II. Título.

2019-0083 CDD: 372

Julia do Nascimento - Bibliotecária - CRB-8/010142

2019
Código da obra CL 742353
CAE 648212 (AL) / 648211 (PR)
1ª edição
1ª impressão
De acordo com a BNCC.

Impressão e acabamento: Bercrom Gráfica e Editora

Uma publicação SOMOS EDUCAÇÃO

APRESENTAÇÃO

Caro aluno, este é um livro diferente, que convida você a aprender por meio de projetos. Você sabe o que é um projeto? Um projeto escolar tem como objetivo organizar seus estudos, considerando investigação e planejamento para chegar à resposta de um desafio. Para isso, você e seus colegas vão partir de uma questão desafiadora e conhecer mais sobre alguns temas, testar hipóteses, fazer experimentos, refletir sobre alguns conceitos, criar eventos e atuar além dos muros da escola.

Em todos os projetos deste livro você realizará atividades individuais, em duplas, trios e/ou grupos. É muito importante partilhar com os colegas suas descobertas e dúvidas, aprendendo com eles e trocando saberes. Discutir ideias, ouvir o que o outro pensa sobre um tema, discordar e chegar a um consenso, dividir tarefas e contribuir para uma criação coletiva fazem parte da aprendizagem por projetos e tornam essas aulas momentos especiais na rotina escolar.

Ao final de cada projeto, você e seus colegas terão criado algo em conjunto e poderão compartilhar com sua comunidade não apenas essa construção, mas também aquilo que aprenderam com cada projeto.

Quais são os projetos deste livro?

Este livro é composto de oito projetos. Os projetos Água, Cordel, Matemática e brincadeiras e História da Escrita são propostos para o 6º ano. Os projetos Notícias no mundo, Matemática e música, Bumba meu boi e Máquinas simples e o dia a dia são destinados ao 7º ano. Todos eles estão divididos em etapas que podem ser distribuídas semanalmente, durante um bimestre, a critério do professor que estiver à frente do projeto.

Os temas dos projetos

Os temas foram escolhidos a partir de questões importantes do mundo de hoje e que dizem respeito à cultura, às brincadeiras, à informação, ao meio ambiente e ao seu corpo. Todos os projetos partem de uma pergunta desafiadora. Questões como: "De onde vem a água que eu bebo?" ou "Como e onde surgiu a escrita?" farão com que você chegue a uma resposta no final do projeto. Outras como: "Vamos construir uma máquina simples?" ou "Vamos fazer uma festa do boi?" são um convite para estudar um tema e vivenciá-lo por meio da ação.

Todos os temas foram pensados para despertar sua curiosidade e levar você a conhecer o assunto estudado usando conhecimentos de mais de uma disciplina. Afinal, os desafios propostos na vida não estão divididos em partes, e muitas vezes você vai precisar mobilizar conhecimentos de várias áreas para entender o mundo e intervir nele.

As etapas de um projeto

A fase de execução pressupõe uma organização e um planejamento prévio de todos. Para que os projetos funcionem bem, é necessário que a atitude de cada um contribua com o trabalho da turma. Para isso, lembre-se de que:

- Trata-se de um trabalho em grupo. Ainda que algumas atividades sejam individuais, elas são realizadas com a finalidade de contribuir para um objetivo, que é de todos.
- Todo projeto precisa de um cronograma para se ajustar ao tempo. Combine sempre com o professor o tempo destinado para cada momento do projeto e busque cumprir os prazos.
- Antes de começar, é preciso saber o que será criado e como essa construção será compartilhada com a comunidade. Desse modo, o foco do projeto não se dispersa e o tempo pode ser otimizado.
- O registro, num projeto, é fundamental. Para isso, propomos que você tenha um Diário de bordo, um caderno para anotar todas as suas descobertas e registrar atividades e etapas importantes do trabalho.
- Avaliar-se constantemente é outra tarefa importante num projeto. Cumpri as tarefas acordadas? Ajudei meus colegas na resolução de impasses? Contribuí com as discussões e trocas de ideias propostas? Essas são algumas das perguntas que você pode fazer a si mesmo ao longo do projeto e que podem ajudá-lo a aproveitar ao máximo a sua participação.

Pronto para começar?

Os autores

CONHEÇA SEU LIVRO

Este livro é indicado para dois anos de estudo. Ele reúne oito projetos: quatro para o 6º ano e quatro para o 7º ano. Cada ano tem uma cor diferente. Vamos conhecê-lo?

Abertura do projeto

Apresenta o tema do projeto por meio de uma questão desafiadora ou convite e uma imagem.

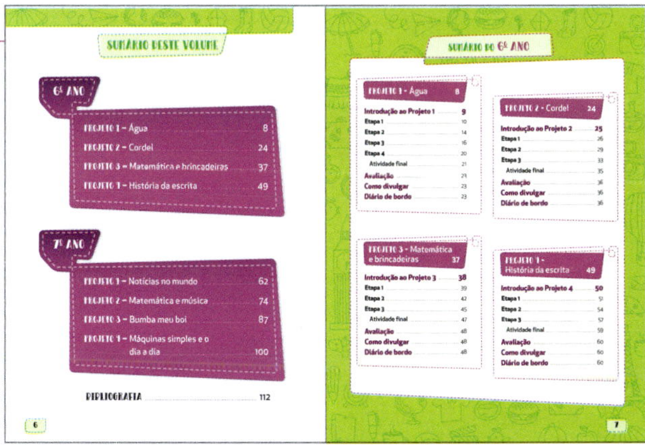

Sumário deste volume

Indica nome e página dos projetos de cada ano.

Sumário do ano

Detalha os projetos do ano, indica seus principais tópicos e a página de cada um deles.

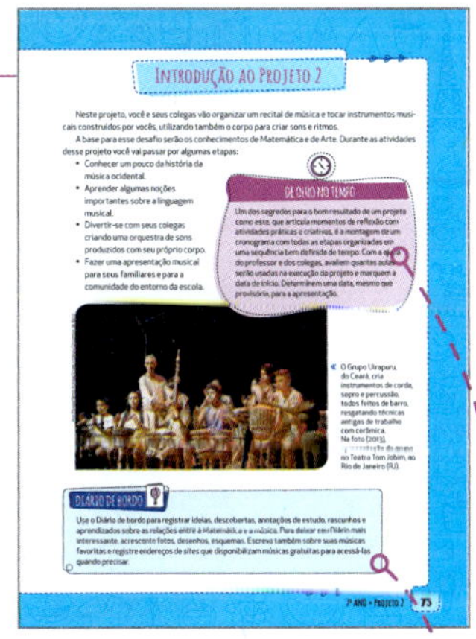

Introdução ao projeto

Dá as coordenadas: o que será feito no projeto e que disciplinas serão envolvidas.

Esses boxes lembram você de controlar os prazos e registrar as atividades.

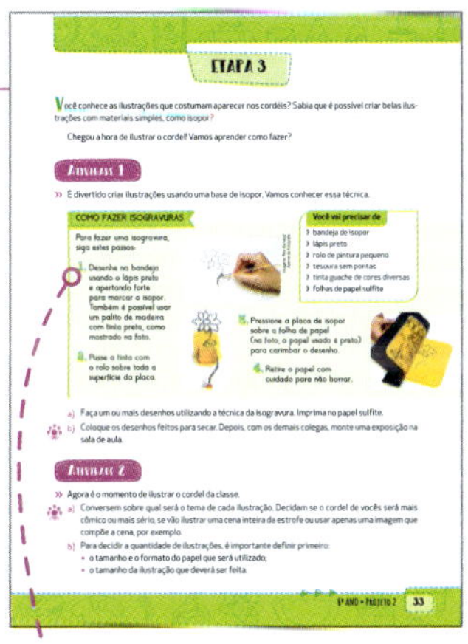

Etapas e Atividades

Cada projeto está dividido em três ou quatro etapas, constituídas de Atividades variadas. Elas são uma preparação para a Atividade final.

Procedimentos e material necessário para as atividades práticas.

Informações complementares e explicação dos termos mais difíceis.

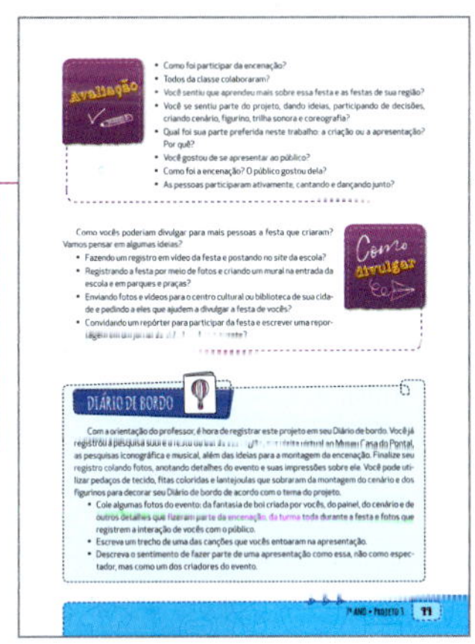

Seções finais

Propostas para você avaliar o trabalho realizado, pensar em alternativas para divulgar o projeto e finalizar seu Diário de bordo.

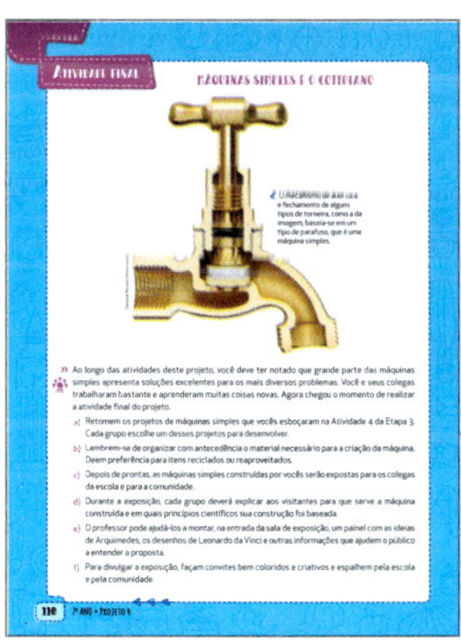

Atividade final

Concretização do que foi proposto na Abertura e na Introdução do projeto.

Ícones

- Atividade em dupla
- Atividade em grupo
- Atividade coletiva
- Atividade oral
- Não escreva neste livro

SUMÁRIO DESTE VOLUME

6º ANO

PROJETO 1 – Água 8

PROJETO 2 – Cordel 24

PROJETO 3 – Matemática e brincadeiras 37

PROJETO 4 – História da escrita 49

7º ANO

PROJETO 1 – Notícias no mundo 62

PROJETO 2 – Matemática e música 74

PROJETO 3 – Bumba meu boi 87

PROJETO 4 – Máquinas simples e o dia a dia 100

BIBLIOGRAFIA 112

SUMÁRIO DO 6º ANO

PROJETO 1 - Água 8

Introdução ao Projeto 1 .... **9**
Etapa 1 10
Etapa 2 14
Etapa 3 16
Etapa 4 20
Atividade final 21
Avaliação 23
Como divulgar 23
Diário de bordo 23

PROJETO 2 - Cordel 24

Introdução ao Projeto 2 .... **25**
Etapa 1 26
Etapa 2 29
Etapa 3 33
Atividade final 35
Avaliação 36
Como divulgar 36
Diário de bordo 36

PROJETO 3 - Matemática e brincadeiras 37

Introdução ao Projeto 3 .... **38**
Etapa 1 39
Etapa 2 42
Etapa 3 45
Atividade final 47
Avaliação 48
Como divulgar 48
Diário de bordo 48

PROJETO 4 - História da escrita 49

Introdução ao Projeto 4 .... **50**
Etapa 1 51
Etapa 2 54
Etapa 3 57
Atividade final 59
Avaliação 60
Como divulgar 60
Diário de bordo 60

PROJETO 1

ÁGUA

› De onde vem a água que você bebe?

Lee Karen Stow/Alamy/Fotoarena

A água é fundamental para a vida humana. Ao longo da História, a maior parte das sociedades se desenvolveu em lugares próximos de rios, lagos e outras fontes de água doce.

INTRODUÇÃO AO PROJETO 1

Imagine que você é um cientista e está investigando um elemento que, apesar de fazer parte de seu cotidiano, possui várias características desconhecidas por você. Pronto para esse desafio?

Neste projeto, você vai trabalhar em grupo para construir, ao final de uma sequência de várias atividades, discussões e pesquisas, uma **maquete**. Essa maquete vai representar o abastecimento e o tratamento de água no lugar onde vocês moram, com destaque para a relação entre a ocupação humana e os **recursos hídricos**. Ou seja, seu objeto de investigação científica será a água!

maquete: reprodução em escala reduzida de uma obra arquitetônica, de um espaço natural ou urbano.

recursos hídricos: são as águas superficiais e subterrâneas existentes no planeta, indispensáveis para a vida humana.

Vamos usar principalmente conhecimentos de Geografia e Ciências. Será importante partir das experiências que você tem com a água, das formas como você se relaciona com ela, seja a água que constitui seu corpo, seja a água que você e sua família utilizam no dia a dia, seja a água que corre em um rio ou que se encontra em um reservatório. Observar a água é uma forma de olhar tanto para você mesmo como para grupos de pessoas que se organizam socialmente em torno dela.

Ao longo do projeto, você vai cumprir algumas etapas:

- Realizar leitura de imagens.
- Organizar tudo que você já sabe sobre a água.
- Expor descobertas e ideias oralmente.
- Ler textos para pesquisar alguns problemas causados pelo consumo da água não tratada.
- Montar uma maquete.

DE OLHO NO TEMPO

Organizar um trabalho em várias etapas requer muita atenção para a ordem das atividades e para os prazos. Com os colegas, faça um levantamento das atividades propostas, programe um tempo para cada uma delas e organize um cronograma com as datas previstas. Verifique se falta algo e corrija o que for necessário.
O professor vai ajudá-los nessa tarefa.

Leo Burgos/Pulsar Imagens

A intervenção negativa do homem na natureza é visível em muitos rios. Na foto de 2017, vemos a poluição no rio Pinheiros, em São Paulo (SP).

DIÁRIO DE BORDO

Uma maneira de não se esquecer do que já foi feito é anotar ideias, conversas, processos e decisões mais importantes em um caderno ou bloco. Esse será seu Diário de bordo, que funcionará como uma memória do projeto: nele deve ser registrado tudo que foi significativo para você e importante para a realização das etapas.

ETAPA 1

Você sabia que a maior parte de nosso planeta é coberta de água? Já parou para pensar na importância dela? Praticamente todas as atividades básicas do nosso cotidiano envolvem a água. Desde a higiene pessoal, passando pela alimentação e pela hidratação, a maior parte dos cuidados essenciais com nossa sobrevivência está relacionada com a água.

A água, portanto, integra-se com nossas ações diárias, influenciando a forma como vivemos em comunidade. Além disso, a água é responsável pela manutenção equilibrada de nosso corpo. São várias as funções que a água desempenha no organismo humano: o controle da temperatura, o transporte de nutrientes e a eliminação de **substâncias tóxicas** estão entre as tarefas que a água ajuda nosso corpo a executar e que garantem nossa saúde.

substâncias tóxicas aquilo que faz mal ao organismo e/ou ao meio ambiente.

A água faz parte de um ciclo natural, ou seja, de uma série de fenômenos que se repetem ao longo do tempo.

Veja, a seguir, algumas razões pelas quais a água é tão importante em nossas vidas:

- A água é o único recurso natural que esteve presente em todas as sociedades, do surgimento da agricultura até os tempos atuais.
- Aproximadamente 70% da superfície do planeta é constituída por água, dos quais 2,5% são de água doce.
- Uma parcela considerável de água doce encontra-se em camadas subterrâneas, ou seja, está "escondida" debaixo da terra, o que torna o acesso a ela mais difícil.
- Os rios, lagos e reservatórios de onde a humanidade retira a água que consome correspondem a apenas 0,26% do percentual de 2,5% disponíveis. Daí a necessidade de preservação dos recursos hídricos.
- Em relação aos usos da água em todo o mundo, em média, 10% de sua utilização é direcionada para o abastecimento público, 23% para a indústria e 67% para a agricultura.
- Todo ser vivo – plantas, animais ou pessoas – precisa de água para viver. Todo ser vivo é formado principalmente de água. Nosso corpo, assim como o dos camundongos, contém cerca de 65% de água. Um elefante e uma espiga de milho contêm cerca de 70% de água.
- Todos os seres vivos armazenam uma quantidade mínima de água em seu organismo, sem a qual podem morrer. Uma pessoa pode viver sem se alimentar por mais ou menos um mês, mas sem beber água esse tempo cai para, no máximo, uma semana.

Thwi Rath Naen Xudr/EyeEm/Getty Images

Delfim Martins/Pulsar Imagens

Hidrelétrica Luiz Gonzaga, em Petrolândia (PE), 2018.

Eric Audras/Alamy/Fotoarena

« Usos da água.

jaboticada/iStockphoto/Getty Images

Atividade 1

» Primeiro vamos explorar a relação entre a água e o nosso organismo. Vamos refletir sobre uma questão que tem desafiado vários cientistas ao longo do tempo: Por que a água é essencial para a vida? Que tal responder a um **quiz** para verificar quanto você já conhece sobre a relação entre água e vida?

Veja como funciona

- Para cada pergunta, há quatro alternativas de resposta.
- Escolha a alternativa que você acha correta.
- Anote a alternativa escolhida no seu Diário de bordo.
- Compare suas respostas com as dos colegas.

quiz jogo em que se fazem perguntas para testar o conhecimento de alguém sobre um assunto.

a) Em um ser humano adulto, a água corresponde a 60% de seu peso. Em um bebê, essa proporção é de aproximadamente:
- 40%
- 70%
- 50%
- 90%

b) Quando uma pessoa está com sede, é porque:
- ela já deveria ter bebido água.
- ela necessita se alimentar e beber água.
- seu cérebro apenas está avisando que precisará de água em breve.
- já não adianta mais beber água: seu corpo não conseguirá se recuperar.

c) O suor é a eliminação de água pelo corpo para:
- indicar que está na hora de tomar banho.
- manter a temperatura.
- avisar que é importante parar com as atividades físicas.
- informar que a pessoa está precisando se alimentar.

Se liga

Você sabia que, em média, uma pessoa ingere cerca de 60 mil litros de água durante toda a vida?

d) Em nosso corpo, a água funciona, entre outras coisas, como:
- um relógio avisando quando temos que dormir.
- um substituto do sangue.
- um lubrificante natural.
- um elemento que influencia na coloração do cabelo.

e) Uma das maneiras de nosso corpo eliminar água é pela urina. Sobre a urina é correto dizer que:
- é composta de 95% de água.
- as pessoas produzem sempre uma mesma quantidade.
- não possui relação com o equilíbrio de água no organismo.
- quanto mais escura, maior é a quantidade de água na sua composição.

Atividade 2

» Uma das formas de nos hidratarmos é consumir alguns alimentos ricos em água. Você sabe qual é a quantidade de água presente em cada alimento que consome?

a) Abaixo você verá uma lista de alimentos. Com um colega, realize uma pesquisa, em livros ou *sites*, e descubra a porcentagem de água presente em cada um desses alimentos e anote no Diário de bordo.

b) Depois, em grupo, façam uma tabela de duas colunas com as informações coletadas: na coluna da esquerda, entram os nomes dos alimentos e, na coluna da direita, entram as porcentagens de água de cada alimento. Usem uma folha de cartolina ou papel *kraft*. Pode ser ilustrada com fotos ou desenhos feitos por vocês. Não se esqueçam de dar um título à tabela.

c) Colem a tabela na parede da sala de aula para que você e seus colegas lembrem-se sempre da importância de consumir alimentos ricos em água.

Você vai precisar de

- papel *kraft* ou cartolina
- canetas e lápis coloridos
- cola
- tesoura sem pontas
- régua

Alface americana	Laranja	Milho verde (cru)
Pepino	Abacaxi	Carne de boi (picanha
Repolho (cru)	Arroz integral (cozido)	com gordura, crua)
Melancia	Maçã argentina	Queijo muçarela
Brócolis (cru)	Uva	Pão branco francês
Leite fermentado	Batata (cozida)	Manteiga
Melão	Ovo	Bolacha de água e sal
Espinafre (refogado)	Banana nanica	Açúcar (branco)
Feijão carioca (cozido)	Peixe lambari (cru)	Óleos
Cenoura (crua)	Frango (assado)	

Tabela brasileira de composição de alimentos. NEPA – Unicamp. Disponível em: <http://www.cfn.org.br/wp-content/uploads/2017/03/taco_4_edicao_ampliada_e_revisada.pdf>. Acesso em: 17 ago. 2018.

Rene Wassenbergh/EyeEm/Getty Images

Atividade 3

» Você tem ideia de quanto uma pessoa adulta gasta de água nas atividades diárias?

Leia o texto abaixo para saber a quantidade de água que uma família com quatro pessoas gasta em média por mês. Veja também algumas dicas de como economizar água.

QUANTO DE ÁGUA VOCÊ CONSOME?

- **Bacia/vaso sanitário – 4 320 litros/mês**
  Dicas de economia: Não jogue objetos; só dê descarga se necessário; procure bacias com caixa acoplada, mais modernas – elas têm sistemas mais econômicos.
- **Lavatório – 3 600 litros/mês**
  Dicas de economia: Desligue a água quando não for necessário, como durante a escovação dos dentes e enquanto esfrega as mãos; use aerador ou arejador de torneira – ele é um dispositivo barato para economia de água que se adapta a qualquer torneira.
- **Chuveiro – 14 400 litros/mês**
  Dicas de economia: [...] Tome banho mais rápido e reutilize a água tomando banho dentro de uma bacia para aproveitar a água na descarga; feche o registro enquanto se ensaboa [...].
- **Máquina de lavar roupas – 2 520 litros/mês**
  Dicas de economia: Ligue sua máquina sempre cheia; acumule as roupas para não desperdiçar água.
- **Pia de cozinha – 4 500 litros/mês**
  Dicas de economia: Use o aerador ou arejador de torneira; [...] feche a torneira enquanto esfrega os talheres, pratos e panelas [...].

Quanto de água você consome?. ABIDES. Disponível em: <http://abides.org.br/quanto-de-agua-voce-consome/>. Acesso em: 21 ago. 2018.

» Depois da leitura, converse com os colegas sobre as seguintes questões relacionadas ao uso doméstico da água.

a) Em quais situações a água é utilizada no cotidiano de sua casa, com sua família? Você considera esse uso importante? Por quê?

b) Como você avalia o gasto de água em sua casa? Há desperdício? Por qual razão?

c) Que dicas para economizar água, além dessas trazidas pelo texto, seriam adequadas para sua casa? Por quê?

d) Você sabe de onde vem a água que chega até sua casa?

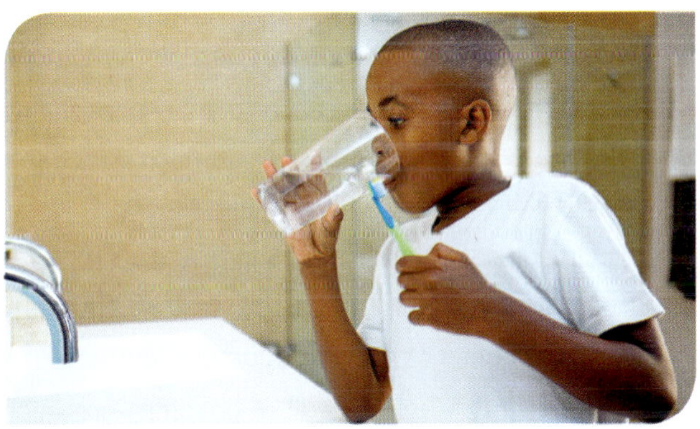

Sean Prior/Alamy/Fotoarena

Ao escovar os dentes, uma boa forma de economia é utilizar um copo com um pouco de água, em vez de abrir a torneira para fazer o enxágue.

ETAPA 2

Nesta etapa, a proposta é conhecer mais de perto a água que utilizamos em nosso dia a dia. Questões importantes podem surgir quando pensamos na água de um modo científico, tais como: A água que consumimos em nossa casa pode ser considerada pura? Que quantidade de água é necessária para a produção de alimentos? Problemas como esses nos fazem pensar sobre a importância que esse bem precioso, que é a água, tem para nossa existência.

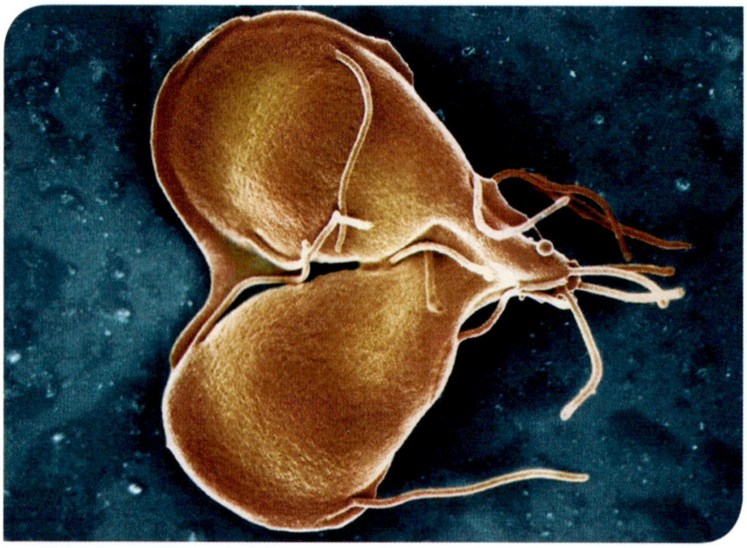

Ami Images/Science Photo Library/Fotoarena

« Vários **micro-organismos** podem estar presentes na água. Alguns deles podem causar doenças. Ao lado, uma *Giardia intestinalis*, que provoca dor abdominal, diarreia, febre, náusea, entre outros sintomas. Imagem ampliada por microscópio e colorida artificialmente.

micro-organismos: organismos, animais ou vegetais, de dimensões microscópicas.

ATIVIDADE 1

» Forme grupo com alguns colegas e responda às questões abaixo.

a) Antes de iniciar, realizem uma rápida pesquisa sobre alguns conceitos que vão ajudar vocês a formular respostas mais bem elaboradas: átomo, molécula, elementos químicos, pureza (do ponto de vista químico).

b) Vocês acham que toda a água que existe na natureza é pura?

c) Observem a imagem ao lado. É a representação de uma molécula de água. Vocês sabem quais são os elementos representados em azul e em vermelho?

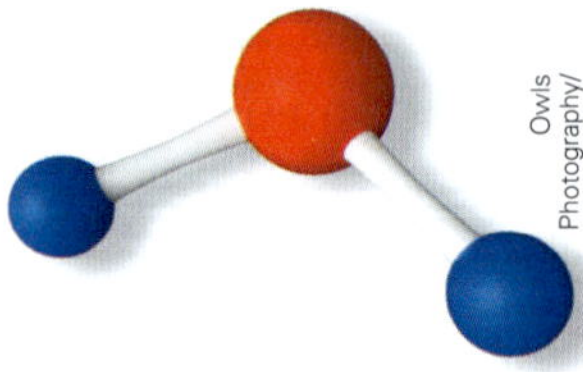

Owls Photography/Shutterstock
Imagem ilustrativa fora de proporção.

d) Quais das características abaixo a água deve apresentar para que seja potável, isto é, apropriada para consumo humano? Escreva uma frase no Diário de bordo com a resposta.

- incolor
- inodora
- insípida
- com odor suave
- pequena quantidade de micro-organismos
- livre de micro-organismos
- sabor levemente adocicado
- levemente amarela

Relembre

Incolor: que não tem cor.
Inodora: que não tem cheiro.
Insípida: que não tem sabor.

e) Quais são as possíveis consequências para nossa saúde se bebermos água não potável ou contaminada?

f) Vocês acham que todas as pessoas do mundo têm acesso a água de qualidade para consumo?

g) Vocês já ouviram falar em saneamento básico de uma cidade? Sabem o que é e como funciona?

h) A água pode se apresentar de duas maneiras: homogênea e heterogênea. A mistura homogênea é uma solução que apresenta uma única fase, enquanto a heterogênea apresenta duas ou mais fases. Observe as três imagens a seguir.

1 Óleo, gelo picado e água | 2 Gelo picado e água gaseificada | 3 Óleo, gelo picado, água salgada e granito

Primo da Cidade ilustras & Co./Arquivo da editora

- Qual é a diferença entre as misturas 1 e 3 em relação a suas fases?
- Classifique cada uma das misturas acima como homogênea ou heterogênea.
- Dessas duas soluções contendo água, qual delas é adequada para o consumo humano?

Se liga

Água pura e água potável não são a mesma coisa?
Água pura é livre de outras substâncias, isto é, contém apenas as moléculas da própria água: dois átomos de hidrogênio e um átomo de oxigênio (H_2O). Água potável pode conter outros elementos em sua composição, mas pode ser consumida pelas pessoas sem que haja prejuízo à saúde delas.

Atividade 2

» Observe o gráfico abaixo e, com um colega, respondam às questões propostas.

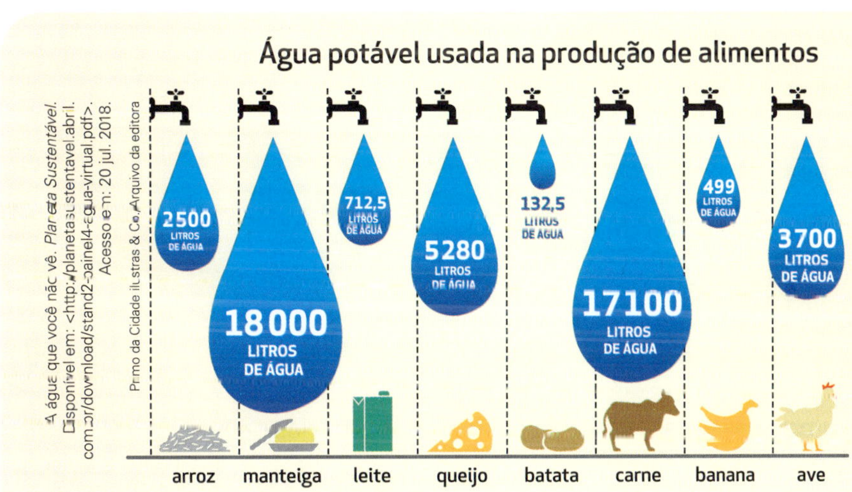

A água que você não vê. Planeta Sustentável. Disponível em: <http://planetasustentavel.abril.com.br/download/stand2-painel4-agua-virtual.pdf>. Acesso em: 20 jul. 2018.

Primo da Cidade ilustras & Co./Arquivo da editora

« Neste gráfico é possível visualizar a quantidade de água utilizada na produção de determinados alimentos.

a) A produção de qual alimento consome mais água potável?

b) Qual alimento necessita de menos água em sua produção?

c) Por que alguns alimentos precisam de mais e outros de menos água para serem produzidos?

ETAPA 3

Rondo Tavani/iStockphoto/Getty Images

Agora que você já conversou com os colegas e com o professor, pesquisou e chegou a algumas conclusões, é hora de conhecer o processo de transformação da água na natureza e saber como ela é tratada para se tornar potável para o consumo humano.

O cuidado com a água do planeta deve ser constante, pois esse recurso natural já está gravemente ameaçado. »

Atividade 1

» A água em estado líquido encontra-se em rios, lagos, oceanos, mas ela está em permanente processo de transformação, passando de um estado para outro constantemente.

a) Leia o esquema abaixo com atenção. Ele explica o ciclo da água em nosso planeta.

O ciclo da água

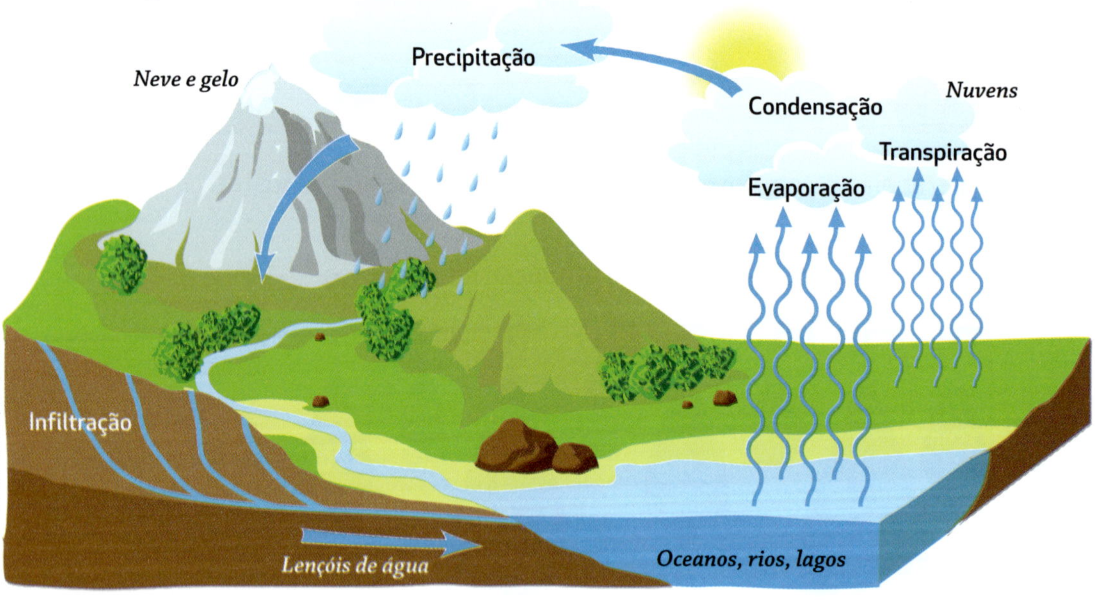

Merkushev Vasiliy/Shutterstock

b) Tente descrever cada uma das etapas do processo com suas próprias palavras.

- Escreva um pequeno parágrafo em seu Diário de bordo explicando brevemente cada uma dessas etapas (evaporação, transpiração, condensação, precipitação e infiltração).
- Depois, converse com seus colegas e compare suas definições com as deles.
- Para encerrar, leia o texto a seguir com os colegas e anote em seu Diário de bordo as informações que considerar mais importantes.

O CICLO DA ÁGUA

A água passa por vários estados, aparecendo na forma **líquida**, **sólida** ou **gasosa**. Quando estudamos como esses fenômenos ocorrem na natureza, falamos em **ciclo da água**.

A quantidade de água dos lagos, rios e mares, e nos seres vivos, é muito grande. Com o calor produzido pelo sol, ela passa por um processo chamado evaporação. Nesse fenômeno, as partículas que formam a água se apresentam bem afastadas, permitindo que ela seja levada para o céu, na forma gasosa. Depois, essa água forma nuvens.

A água que fica na toalha depois que nos enxugamos, após o banho, passa por esse mesmo processo, quando penduramos esse tecido no varal. Os ventos, o calor e a pouca umidade fazem com que a evaporação ocorra mais rapidamente.

As nuvens, quando ficam bem cheias de água, se precipitam, ou seja: se transformam em chuva, lançando água no estado líquido. Parte da água que cai no solo penetra essa camada, formando os lençóis subterrâneos, ou freáticos. Outra parte é encaminhada para rios, lagos, represas e mares.

Às vezes, essa água acumulada nas nuvens pode resfriar tanto que passa a se apresentar no estado sólido, congelada. Por esse motivo é que ocorrem as chuvas de granizo e as nevascas. Estas últimas ocorrem nas regiões mais frias do Brasil e do planeta em geral.

Com a presença do sol e/ou aumento do calor, todo esse gelo tende a derreter. Assim, a água volta para o estado líquido, sendo, mais tarde, novamente evaporada.[...]

O ciclo da água. *Escola Kids*. Disponível em: <https://escolakids.uol.com.br/o-ciclo-da-agua.htm>. Acesso em: 14 jul. 2018.

ATIVIDADE 2

» Leia com atenção o infográfico a seguir, que mostra o sistema de abastecimento de água nas cidades e o tratamento do esgoto para devolver a água utilizada pelas pessoas para a natureza.

- Converse com seus colegas: Por que a água tem de ser tratada antes e depois de ser usada pelas pessoas?

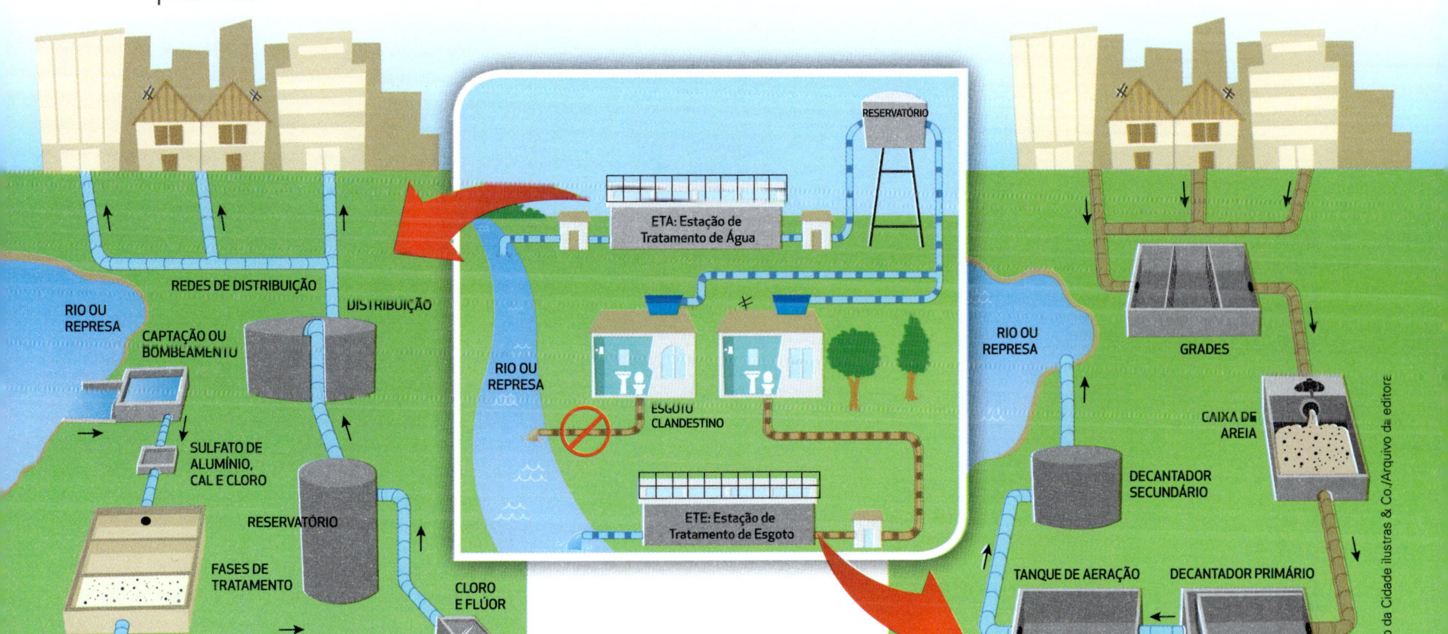

Primo da Cidade ilustras & Co./Arquivo da editora

ATIVIDADE 3

» Você sabe como as águas encontradas no território brasileiro estão distribuídas? Você sabia que em todo o território nacional há diversas **bacias hidrográficas**, com rios e **afluentes** que abastecem todo o país?

bacias hidrográficas correspondem à área ocupada por um rio e seus afluentes, ou seja, é a área que recebe e armazena a água das chuvas e a faz escoar para cursos de água, que são os riachos, córregos, ribeirões, rios, etc.

afluentes são rios e cursos de água menores que deságuam em rios principais, que são maiores, não fluindo diretamente para um mar ou oceano.

a) Observe no mapa abaixo as bacias hidrográficas do Brasil.

Brasil: Bacias hidrográficas

Banco de imagens/Arquivo da editora

Adaptado de: IBGE. *Atlas escolar*. Disponível em: <https://atlasescolar.ibge.gov.br/images/atlas/mapas_brasil/brasil_bacias.pdf>. Acesso em: 27 ago. 2018.

O mapa mostra as bacias hidrográficas brasileiras.

b) Com a ajuda de seus colegas e do professor, indique a bacia hidrográfica em que seu município se situa.

ATIVIDADE 4

» O sistema de fornecimento de água e esgoto de um município está associado, como já vimos, a uma fonte de água. Para conhecer um pouco mais esse tema, faça uma entrevista com outros alunos, professores e funcionários de sua escola e com pessoas da comunidade ou do bairro em que você mora. Anote as respostas em seu Diário de bordo.

COMO FAZER UMA ENTREVISTA

Para realizar uma entrevista, siga estes passos:

1. Prepare as perguntas que você vai fazer.
2. Escolha os entrevistados e convide-os para responder às suas perguntas.
3. Agende com eles uma data para realizar a entrevista.
4. Anote as respostas no seu Diário de bordo no momento da entrevista. Ou então grave a entrevista e depois a transcreva para o Diário de bordo.

» Faça o roteiro de perguntas antes de agendar as entrevistas. Veja algumas perguntas que podem ser feitas aos entrevistados:

- Sua casa tem acesso à rede de água tratada?
- Você conhece a fonte de abastecimento da água que chega até sua casa?
- O bairro onde você mora e a sua casa têm esgoto tratado?
- Você sabe se toda a população do município tem acesso à rede de esgoto tratado?
- Você sabe onde estão localizados os rios de nosso município?
- Como nossa comunidade tem acesso à rede de água?
- Toda a população tem acesso à rede de esgoto tratado?

ATIVIDADE 5

» Até aqui, você já aprendeu muita coisa sobre as características da água e sobre os processos para tornar a água potável. Também vimos como ocorre a reintegração do esgoto na natureza.
Agora, organize as informações coletadas nas entrevistas em dois grupos: um relacionado ao abastecimento de água tratada e outro ao serviço de esgoto.

- Copie a tabela abaixo em seu Diário de bordo, completando-a com aspectos positivos e negativos observados pelos entrevistados quanto aos serviços oferecidos para a comunidade.

Abastecimento de água tratada	Tratamento de esgoto
Aspectos positivos	Aspectos positivos
Aspectos negativos	Aspectos negativos

ETAPA 4

Chegamos ao momento de elaborar o produto final deste projeto: uma maquete do seu bairro ou de sua cidade que mostre o sistema de abastecimento de água e as estações de tratamento da água e do esgoto. Faça as atividades a seguir para realizá-la.

ATIVIDADE 1

» Para preparar a montagem da maquete, você e seus colegas vão fazer um esboço, que é um desenho inicial que os guiará durante o trabalho, representando a organização do sistema de água e de esgoto de seu bairro ou de seu município.

a) Pesquise, na prefeitura ou em algum órgão público responsável por esse assunto em sua cidade, informações sobre a distribuição da água no município. Alguns dados podem estar disponíveis na internet. Seu professor vai ajudá-los a encontrar essas informações.

b) Peça também uma cópia da **planta baixa** do município. Se houver um mapa da distribuição de água, melhor ainda.

c) Faça, então, o esboço de seu bairro ou de seu município, indicando onde estão localizados os rios que fornecem água, a estação de tratamento de água e a de tratamento de esgoto.

Esse esboço vai dar origem à maquete que finaliza este projeto.

O restante da cidade ou do bairro será montado com base nessas instalações. O esboço pode seguir o modelo abaixo.

planta baixa é um desenho técnico que mostra cada parte planejada para a construção de uma casa, de um prédio ou até mesmo de uma cidade, como se estivesse sendo vista de cima.

Primo da Cidade ilustras & Co./Arquivo da editora

MAQUETE

Observe dois exemplos de maquete.

Ernesto Reghran/Pulsar Imagens

Fernando Favoretto/Criar Imagem

As duas imagens mostram espaços urbanos criados na forma de maquetes utilizando materiais diferentes de composição: madeira, papel e blocos de cimento.

» Agora é a hora de montar a maquete de vocês.

a) Com base no desenho feito na atividade 2, com o professor e os colegas, defina que área a maquete vai representar. Ela não precisa reproduzir fielmente a realidade, mas é importante que haja alguma proporção em sua montagem.

b) É importante que a maquete apresente os principais pontos do seu bairro ou de seu município: uma igreja na praça central, um rio que corta a cidade, um parque, o portal de entrada, etc. Listem tudo que será representado na maquete.

c) Estudem o tamanho que a maquete terá, qual será sua base e onde ela ficará durante a montagem e, depois, na exposição.

d) Definam quem vai fazer o quê: recortar papéis, encapar caixas, preparar a base, colar o material na maquete, etc.

e) Separem o material necessário e mãos à obra!

COMO FAZER UMA MAQUETE

Para construir uma maquete, siga estes passos:

1. Escolha uma base de apoio. Pode ser de isopor, madeira, papelão ou EVA. Materiais mais rígidos são recomendados para facilitar o transporte.

2. Usando papel de cores diversas, combinem quais serão usadas para representar ruas (cinza, por exemplo), rios (azul, por exemplo) e construções (cores variadas). Recorte e cole sobre a maquete as ruas e estradas do município. Use esse papel colorido para representar também as praças e parques de sua cidade. Seja criativo! Um parque imenso pode ser representado por um retângulo verde, por exemplo.

3. Encape as caixas pequenas para criar as casas e os edifícios; desenhe janelas e portas neles.

4. Amasse o papel colorido para fazer a vegetação. Tente reproduzir a distribuição dos jardins e árvores presentes no município, nos parques, nas praças, nas ruas, etc.

5. Com o papel celofane azul, crie o desenho dos rios, lagos, reservatórios e piscinas.

6. Corte as garrafas PET ao meio, com ajuda do professor, para montar os reservatórios de água. Use caixas pequenas para montar as estações de tratamento de água e de esgoto. Utilize o infográfico que foi trabalhado na página 17 como modelo para a criação das estações.

7. Com a massinha de modelar, crie pessoas, veículos e outros elementos que façam parte do cenário da sua cidade, como um museu, por exemplo, para deixar a maquete mais realista e divertida.

Você vai precisar de

- isopor, madeira, papelão ou EVA para a base da maquete
- massinha colorida
- papéis coloridos de diferentes tipos para encapar caixas e para criar ruas e avenidas
- caixas de sabonete, de pasta de dente, de fósforos, etc.
- garrafas PET
- papel celofane azul para representar a água dos rios, lagos, reservatórios, piscinas
- canetinhas coloridas
- cola
- tesoura sem pontas
- régua

» Quando a maquete estiver pronta, estabeleça, com a ajuda do professor e dos colegas, uma data e um lugar para expô-la para toda a comunidade escolar e para a vizinhança. Convide sua família, parentes e amigos.

» Preparem a apresentação da maquete e usem o Diário de bordo como apoio à fala de vocês.

a) Expliquem aos visitantes o que vocês aprenderam sobre a importância da água e sobre a captação e o tratamento da água e do esgoto em seu município.

b) Contem também como foi a experiência de pesquisar e entrevistar pessoas sobre esse tema.

c) Expliquem o que acharam do processo de construir a maquete.

Avaliação

- Você aprendeu coisas novas sobre a água neste projeto?
- O que você mais gostou de fazer?
- Você teve dificuldade em alguma atividade? Qual? Por quê?
- As discussões com os colegas foram interessantes? Você conseguiu expor suas ideias?
- Durante a montagem da maquete você pôde trocar ideias?
- O que você achou do resultado final?
- Quem visitou a exposição para conhecer a maquete? O que os visitantes comentaram?
- Vocês conseguiram explicar aos visitantes a importância da água e do tratamento da água e do esgoto?

Como divulgar

Como você e seu grupo poderiam divulgar esse trabalho para mais pessoas?

- Expondo fotografias da maquete no *site* da escola?
- Publicando no jornal ou no mural da escola?
- Mandando uma carta para o jornal do bairro convidando repórteres para conhecer a maquete e escrever uma matéria sobre o projeto?
- Espalhando cartazes pela escola e em espaços públicos sobre a importância de tomar água regularmente?

DIÁRIO DE BORDO

Muitas vezes, vivemos situações que se tornam muito importantes para a nossa formação. Certos trabalhos que fizemos, algumas discussões de que participamos, projetos que realizamos, depois de concluídos, ficam na memória como uma lembrança que aos poucos vai se apagando.

Neste projeto, você passou por várias experiências diferentes, que exigiram muito esforço, estudo e dedicação. Você deve ter percebido que um tema, a princípio tão comum como a água, pode nos ensinar muitas coisas novas e nos fazer refletir sobre alguns dos problemas que existem no mundo.

Que tal registrar com suas palavras aquilo que merece destaque a respeito desse projeto, de acordo com o seu ponto de vista?

Em seu Diário de bordo, faça uma avaliação de todo o processo e procure detalhar suas observações. As questões a seguir podem servir de guia para suas anotações.

- Como você se sentiu ao longo desse trabalho?
- Você conseguiu relacionar suas reflexões sobre a água com a produção da maquete?
- Como foi o trabalho em grupo? Todos se empenharam nas tarefas?
- Você se sentiu estimulado durante as atividades? Como se sentiu ao fazer as entrevistas? E no momento de montagem da maquete?
- Você teve autonomia e liberdade para expor seu ponto de vista? Foi respeitado pelos colegas?
- Como você se sentiu diante da reação das pessoas à maquete produzida por você e seus colegas?

PROJETO 2

CORDEL

› Como fazer um cordel?

Luciana Whitaker/Pulsar Imagens

Livretos de cordel expostos para venda pendurados em um varal de barbante. Centro Municipal Luiz Gonzaga de Tradições Nordestinas, no Rio de Janeiro (RJ). Foto de 2018.

Introdução ao Projeto 2

Pronto para o desafio de criar um cordel?

Neste projeto, você vai trabalhar em grupo para criar um livreto de cordel. A ideia é que o cordel produzido por vocês seja lançado em um evento para ser lido e apreciado por muitas pessoas. Para produzir os cordéis, vamos usar conhecimentos de Língua Portuguesa, História e Arte.

Com seus colegas e a ajuda do professor, você vai se organizar para realizar tarefas e cumprir algumas etapas:

- Ler uma história da literatura de cordel e refletir sobre ela.
- Ouvir e registrar uma narrativa oral.
- Compartilhar conhecimentos com a classe.
- Selecionar temas para a escrita do cordel.
- Escrever uma estrofe de cordel.
- Conhecer técnicas de ilustração da literatura de cordel e escolher uma delas para ilustrar o cordel que vocês vão produzir.
- Produzir livretos de cordel em número suficiente para o lançamento.
- Organizar o lançamento e convidar pessoas para que venham conhecer o cordel produzido por vocês e receber um exemplar de presente.

De olho no tempo

É importante fazer um cronograma para o projeto. Converse com o professor e os colegas para saber em quanto tempo deverão desenvolver esse trabalho e quantas aulas serão necessárias. Marquem a data de início. Pensem na data em que pretendem lançar os cordéis: essa será a data final do projeto. Depois, divida o restante do tempo entre as etapas previstas.

Joel/Coleção particular

Ari/Klévisson/Coleção particular

José Costa Leite/Coleção particular

Exemplos de capas de cordel ilustradas com xilogravura. Observe os temas variados.

ETAPA 1

Você já leu ou viu um livreto de cordel? Já parou para pensar de onde vem esse tipo de literatura? Os livretos costumam ser vendidos em feiras, pendurados em um cordão, daí o nome **cordel**. Em geral, são escritos em versos rimados e têm capas ilustradas com **xilogravuras**, isto é, gravuras entalhadas em madeira. A literatura de cordel é uma **manifestação tradicional** da cultura popular brasileira, especialmente do interior do Nordeste.

xilogravuras arte ou técnica de fazer gravuras sobre pranchas de madeira. Os desenhos são entalhados em uma matriz de madeira, que é usada como um carimbo para imprimir várias cópias em papel.

manifestação tradicional produção cultural que pode ser difundida oralmente ou por meio da escrita e é transmitida ao longo do tempo, de geração em geração.

Lucas Lacaz Ruiz/Pulsar Imagens

Matriz de madeira com desenho já entalhado recebendo tinta. Ela só adere nas partes mais elevadas do desenho: são as que vão ficar pretas na impressão; as demais ficam em branco. Ateliê em São José dos Campos (SP). Foto de 2018.

Se liga

O repente, arte de improvisar versos, normalmente desafiando outro cantador a responder, continuar seu canto, tem muito em comum com a literatura de cordel. Embora os cordéis sejam escritos e o repente seja essencialmente oral, com os cantadores exibindo seus dotes vocais, domínio da viola e talento para criar versos, ambos são representantes da cultura nordestina e se autoinfluenciam: cantadores usam cordéis como base para seus cantos e os cordéis podem ser baseados em histórias cantadas pelos repentistas.

Marcelo Soares/Acervo do artista

Xilogravura do cordel *Os violeiros*, de Marcelo Soares (2003).

A ORALIDADE NO CORDEL

Os cordéis estão ligados à **tradição oral**, pois em geral contam histórias contadas e ouvidas muitas vezes ao longo do tempo. Essas histórias são memorizadas e por fim escritas por um autor que escolhe uma versão para publicar. Ainda hoje, muitas pessoas sabem de cor essas narrativas e continuam a contá-las em família ou em grupos, na comunidade. Você já participou de uma contação de histórias?

Há também cordéis que foram criados da imaginação dos autores, escrevendo ou reescrevendo histórias sem o uso da tradição oral.

tradição oral transmissão oral de feitos, lendas, ritos, costumes, fatos, etc., feita no decorrer dos tempos, de geração em geração.

Com rima, métrica e oração, se conta todo o sertão. É de forma elaborada que o Nordeste brasileiro se apresenta por escrito, em papel-jornal, no folheto de cordel. [...]

Trazido pelos portugueses, o cordel surgiu no Brasil na segunda metade do século XIX. Os folhetos, vendidos nas feiras, tornaram-se a principal fonte de divertimento e informação para a população, que via neles o jornal e a **enciclopédia**, de maneira quase **simultânea**. O marco inicial do cordel no país é o escritor paraibano Leandro Gomes de Barros (1865-1918). [...] Em 1893, o paraibano de Pombal publicou os seus primeiros poemas, considerados os registros oficiais pioneiros da Literatura de Cordel. [...]

Guaipuan Vieira/Acervo do artista

Leandro Gomes de Barros em retrato (xilogravura) de Guaipuan Vieira.

Oralidade

No início da publicação da literatura de cordel no país, muitos autores de folhetos eram também cantadores que improvisavam versos em fazendas, vilarejos e pequenas cidades do sertão. "Com a criação de imprensas particulares em casas e barracas de poetas, mudou o sistema de divulgação. O autor do folheto podia ficar num mesmo lugar a maior parte do tempo, porque suas obras eram vendidas por folheteiros ou revendedores empregados por ele", explica a **bibliotecária** Lúcia Gaspar, da Fundação Joaquim Nabuco. [...]

enciclopédia obra que contém o conjunto dos conhecimentos humanos.

simultânea que acontece ao mesmo tempo.

bibliotecária pessoa que trabalha em uma biblioteca

Desde então, os temas tratados pelos cordelistas são os mais variados possíveis: as aventuras de cavalaria, as narrativas de amor e sofrimento, as histórias de animais, [...] heróis, os contos maravilhosos e uma infinidade de outros, que a memória popular encarregou-se de preservar e transmitir. Aos poucos, o poeta nordestino incorporou fatos mais próximos do público, ocorridos em seu ambiente social: [...] acontecimentos políticos, catástrofes, milagres e até mesmo a propaganda [...].

[...]

A Fundação Casa de Rui Barbosa conta com uma coleção composta de 9 mil folhetos de cordel e de obras sobre o tema, incluindo centenas de folhetos raros. [...] A coleção está disponível para consulta mediante agendamento e pode ser acessada por meio da base de dados da Biblioteca e pelo *site* ***Cordel: literatura popular em verso***, dedicado à divulgação da obra de 21 cordelistas – incluindo Leandro Gomes de Barros.

BRASIL. Ministério da Cultura. *Cordel: literatura, diversão e informação*. Disponível em: <www.cultura.gov.br/noticias-destaques/-/asset_publisher/OiKX3xlR9iTn/content/cordel-literatura-diversao-e-informacao/10883>. Acesso em: 31 jul. 2018.

DIÁRIO DE BORDO

Ao realizar um projeto, é importante registrar o que você for fazendo ao longo do tempo. Assim, quando finalizar seu cordel, vai poder se lembrar de todas as etapas. Escolha um caderno para ser seu Diário. Faça uma capa diferente para ele, com ilustrações, recortes e adesivos. Você pode criar também um arquivo no computador para inserir suas anotações. Ao longo das etapas, haverá instruções do que anotar, mas você pode registrar tudo o que achar importante.

Atividade 1

» Depois de aprender sobre a importância da oralidade no cordel, que tal conversar com uma pessoa mais velha, avô ou avó, tio, tia ou amigo da família que possa lhe contar uma história? Registre a história que você ouviu seguindo as orientações indicadas abaixo.

COMO REGISTRAR UMA NARRATIVA ORAL

Para registrar uma narrativa oral, siga este roteiro:

1. Escolha uma pessoa que conhece uma história e pode contá-la para você.
2. Combine com a pessoa uma data e um horário para ouvir a história.
3. Pense como você vai fazer o registro da narrativa: anotando as ideias gerais da história ou gravando a fala da pessoa para depois transcrevê-la.
4. Evite fazer perguntas durante a narrativa, deixando a pessoa à vontade para contar como quiser. No final, você pode tirar alguma dúvida, se necessário.
5. Escreva no Diário de bordo seu registro desse encontro e também a narrativa que você ouviu na versão passada a limpo.

Você vai precisar de

- seu Diário de bordo
- lápis ou caneta
- um celular com gravador ou outro dispositivo para registrar a história narrada

Atividade 2

» Agora você vai trocar ideias com seus colegas sobre a experiência do registro de relatos orais e também compartilhar sua narrativa.

a) Reúna-se com um colega e troquem ideias sobre os relatos que vocês escreveram. Conversem sobre as narrativas, o que acharam mais interessante, se já as conheciam, do que mais gostaram, etc. Façam um registro no Diário de bordo dessas impressões para poderem compartilhar com os colegas.

b) Compartilhe com a classe a narrativa que você ouviu e registrou. Use as anotações do Diário de bordo como apoio para sua fala. Conte um pouco como foi a sua experiência, como a pessoa escolheu a história para contar, como você registrou e se gostou da história que ouviu. Ouça os relatos dos colegas com atenção.

c) Depois de ouvir as narrativas coletadas por todos, converse com os colegas: Que temas apareceram mais? Temas da vida cotidiana? Histórias de amor? Aventuras de heróis?

Fernando Favoretto/Criar Imagem

Idosa é entrevistada por jovens sobre suas experiências de vida. Foto de 2014, em São Paulo (SP).

ETAPA 2

Agora vamos refletir um pouco sobre a origem do cordel, ler alguns textos sobre o assunto e responder às questões. Com tudo isso, você vai aprender mais sobre esse tema e preparar-se para o desafio de criar o próprio cordel!

A ORIGEM DO CORDEL

Entre os séculos XIV e XVI, em vários lugares da Europa, era muito apreciado um tipo de poema popular chamado **romance**, que era recitado oralmente, às vezes acompanhado de música. Mais tarde, esses versos, em geral de autores anônimos, foram organizados em coletâneas chamadas **romanceiros**. Essas narrativas populares chegaram ao Brasil com os portugueses e deram origem aos **folhetos de cordel**. Aqui, os cordéis ganharam formato próprio, com temas e personagens novos, além de diferentes maneiras de compor rimas e criar ilustrações.

Um dos temas abordados nos romanceiros é o da donzela guerreira: uma moça que se veste de homem para lutar na guerra e desperta a paixão de um jovem.

DONZELA GUERREIRA

[...]
Disse-lhe a filha mais nova,
com firmeza e com razão:
— Meu pai, dê-me o seu cavalo,
pois quero ser capitão!
— Tu tens os cabelos longos,
filha, te descobrirão.
— Tomarei de uma tesoura,
e os deixarei no chão.
—Tendes os olhos de moça,
filha, te descobrirão.
— Quando passar pelos homens,
eu os manterei no chão.
[...]

TAVARES, Bráulio. *Contando histórias em versos*. São Paulo: Ed. 34, 2005. p. 112. [Texto tradicional de domínio público. Versão editada por Bráulio Tavares.]

Album/Fotoarena/Coleção particular

Iluminura do século XV » representando Joana D'Arc, um dos exemplos mais conhecidos de donzela guerreira.

ATIVIDADE 1

» Converse com os colegas sobre as questões:

a) Que dificuldades você imagina que a moça do poema acima vai enfrentar se for à guerra?

b) Em sua opinião, hoje em dia ainda existe preconceito em relação a certas profissões para as mulheres? Quais? Você acha que todas as mulheres têm as mesmas oportunidades?

c) Você conhece outras histórias com personagens que são donzelas guerreiras?

ATIVIDADE 2

» Leia agora um trecho de cordel escrito pelo autor baiano Antônio Alves da Silva em meados do século XX.

JOÃO SEM DESTINO NO REINO DOS ENFORCADOS

Os leitores vão saber
Quem foi o João Sem Destino,
Um rapaz que ficou órfão
Desde o tempo de menino
E largou-se pelo mundo,
Igualmente um **peregrino**.

Ao completar vinte anos,
Na maior simplicidade,
Vendeu o que possuía
E deixou sua cidade,
Indo em busca de aventuras,
Riqueza e felicidade.

Cecilia Esteves/Acervo da artista

Mas antes se preparou
Com cientistas **feudais**,
Aprendeu lutar **esgrima**
Com mestres ocidentais
E todo tipo de luta
Entre as artes marciais.

[...]

Depois da grande vitória
Contra os ladrões de estrada,
João Sem Destino seguiu
A sua longa jornada,
Dizendo: — No meu caminho
Não terei medo de nada.

[...]

HAURÉLIO, Marco (Org.). *Antologia do cordel brasileiro*. São Paulo: Global, 2012, p.149.

peregrino quem faz longas viagens, sem destino certo.

feudais referência ao feudalismo, sistema que predominou principalmente na Europa, do século V até o XV.

esgrima arte de lutar com espada.

Se liga

No feudalismo, a sociedade estava organizada em feudos, grandes propriedades formadas por castelos, mosteiros e terras para a agricultura. O senhor feudal, geralmente um nobre, detinha o poder sobre todos os que viviam em seu feudo. São dessa época as histórias de cavaleiros, como Ivanhoé.

Album/Fotoarena/ Biblioteca Britânica, Londres, Inglaterra

« Iluminura do século XIV.

» Agora leia este quadro com algumas informações para responder às questões.

Verso, estrofe e sílaba poética

Verso: cada uma das linhas de um poema.

Estrofe: conjunto de versos.

Sílaba poética: cada uma das sílabas que compõem os versos de um poema. As sílabas poéticas são contadas de um modo diferente: não contamos as sílabas poéticas que vêm depois da última sílaba tônica do verso; duas ou mais vogais podem se fundir na pronúncia formando uma só sílaba poética. Exemplo:

Os-lei-to-res-vão-sa-ber	Quem-foi o-Jo-ão-Sem-Des-ti-no
1 2 3 4 5 6 7	1 2 3 4 5 6 7

Neste caso, ambos os versos têm 7 sílabas poéticas. Em um deles, a última palavra do verso (saber) termina na sílaba tônica **ber**, enquanto no outro a última palavra (destino) tem como sílaba tônica **ti**, portanto a sílaba **no** não entra na conta das sílabas poéticas do verso.

a) Sobre o trecho do cordel lido, indique:

- Quantos versos tem cada estrofe do cordel?
- Quais versos rimam?

b) Agora é a vez de vocês. Verifiquem quantas sílabas poéticas há nos dois versos a seguir.

Ao completar vinte anos
Na maior simplicidade

c) Considerando o início desse cordel, que aventuras vocês imaginam que João Sem Destino poderá viver? Por quê?

d) Qual seria o desafio de João Sem Destino?

Atividade 3

» Seu professor vai organizar uma ida à biblioteca para que vocês leiam cordéis. Reúna-se com seu grupo e escolham dois dos cordéis lidos para analisar. Use o Diário de bordo para copiar a tabela a seguir e preenchê-la de acordo com os cordéis lidos.

argumento: resumo ou enredo de uma obra literária, no caso, do cordel.

Ver modelo na Atividade 5, item d.

Cordéis selecionados pelo grupo	Tema	Argumento	Desafio ou conflito a ser superado	Ilustração da capa e do miolo da história	Número de versos por estrofe	Esquema de rimas das estrofes
Cordel 1 Título Autoria						
Cordel 2 Título Autoria						

Atividade 4

» Converse com os colegas do seu grupo sobre temas que gostariam de usar para escrever o cordel da classe. Troquem ideias e, depois, copiem no Diário de bordo a tabela a seguir, preenchendo-a com duas ideias para a escrita do cordel.

Propostas	Tema	Argumento	Desafio ou conflito a ser superado	Ilustração da capa e do miolo da história	Ideia para finalizar o cordel
Proposta 1	||||||||	|||||||||||||||	|||||||||||||||||||||||||	|||||||||||||||||||||||||||	||||||||||||||||||||||
Proposta 2	||||||||	|||||||||||||||	|||||||||||||||||||||||||	|||||||||||||||||||||||||||	||||||||||||||||||||||

Atividade 5

» Agora que vocês já discutiram as ideias em grupo, chegou a hora de escrever o cordel da classe.

a) Escolham qual vai ser o tema. Para isso, é possível realizar uma eleição: os grupos expõem suas ideias e o professor organiza uma votação. O tema mais votado será o do cordel da classe.

b) Com a ajuda do professor, elaborem o plano de texto coletivo na lousa: definam como o tema será desenvolvido, qual será o enredo e a ordem dos acontecimentos.

c) Depois disso, as estrofes serão distribuídas pelos grupos. Cada grupo deve ficar com a escrita de uma estrofe de seis versos e deve ser combinado previamente que parte da história cada grupo vai escrever.

d) Escrevam a estrofe de vocês no Diário de bordo para guardar o registro dessa importante etapa do projeto. Vocês podem usar este esquema, que os ajudará a construir as rimas:

Estrofe 1

Verso 1: ____________ (sem rima)
Verso 2: ____________ (com rima)
Verso 3: ____________ (sem rima)
Verso 4: ____________ (com rima)
Verso 5: ____________ (sem rima)
Verso 6: ____________ (com rima)

Estrofe 2

Verso 1: ____________ (sem rima)
Verso 2: ____________ (com rima)
Verso 3: ____________ (sem rima)
Verso 4: ____________ (com rima)
Verso 5: ____________ (sem rima)
Verso 6: ____________ (com rima)

etc.

e) Depois que todas as estrofes estiverem prontas, é preciso revisar o cordel e ver se a história ficou clara. Cada grupo lê sua estrofe para a classe e todos comentam o que está bacana e aquilo que pode melhorar. Depois que as mudanças necessárias forem feitas, é hora de reler o cordel inteiro e ver se ele está pronto para ser ilustrado ou se algum ajuste ainda é necessário.

ETAPA 3

Você conhece as ilustrações que costumam aparecer nos cordéis? Sabia que é possível criar belas ilustrações com materiais simples, como isopor?

Chegou a hora de ilustrar o cordel! Vamos aprender como fazer?

ATIVIDADE 1

» É divertido criar ilustrações usando uma base de isopor. Vamos conhecer essa técnica.

COMO FAZER ISOGRAVURAS

Para fazer uma isogravura, siga estes passos:

1. Desenhe na bandeja usando o lápis preto e apertando forte para marcar o isopor. Também é possível usar um palito de madeira com tinta preta, como mostrado na foto.

Imagens: Rita Barreto/ Acervo da fotógrafa

2. Passe a tinta com o rolo sobre toda a superfície da placa.

3. Pressione a placa de isopor sobre a folha de papel (na foto, o papel usado é preto) para carimbar o desenho.

4. Retire o papel com cuidado para não borrar.

Você vai precisar de

- bandeja de isopor
- lápis preto
- rolo de pintura pequeno
- tesoura sem pontas
- tinta guache de cores diversas
- folhas de papel sulfite

a) Faça um ou mais desenhos utilizando a técnica da isogravura. Imprima no papel sulfite.

b) Coloque os desenhos feitos para secar. Depois, com os demais colegas, monte uma exposição na sala de aula.

ATIVIDADE 2

» Agora é o momento de ilustrar o cordel da classe.

a) Conversem sobre qual será o tema de cada ilustração. Decidam se o cordel de vocês será mais cômico ou mais sério, se vão ilustrar uma cena inteira da estrofe ou usar apenas uma imagem que compõe a cena, por exemplo.

b) Para decidir a quantidade de ilustrações, é importante definir primeiro:

- o tamanho e o formato do papel que será utilizado;
- o tamanho da ilustração que deverá ser feita.

> Com a ajuda do professor, organize a distribuição das folhas, pois diferentes grupos vão trabalhar na mesma folha de papel. Por exemplo, o grupo responsável pela segunda estrofe deverá escrevê-la no verso da página utilizada pelo grupo que fez a ilustração da primeira estrofe.

COMO FAZER UM LIVRETO PARA O CORDEL

Para criar seu cordel, siga estes passos:

1. Para fazer um livreto de 12 páginas, você vai precisar de 3 folhas de papel sulfite.

Rita Barreto/Acervo da fotógrafa

2. Dobre as folhas na metade e corte-as na dobra que foi feita. Você obterá duas metades iguais.

3. Coloque as metades todas juntas, no sentido vertical das folhas (os lados menores do papel ficam embaixo e em cima, e os lados maiores ficam nas laterais). Numere as páginas, na frente e no verso, de 1 a 12 na parte inferior das folhas.

Rita Barreto/Acervo da fotógrafa

4. Agora é só escrever as estrofes e ilustrar as páginas. Pode-se decidir que as estrofes entrem sempre nas páginas pares (à esquerda) e as ilustrações, nas páginas ímpares (à direita). Para um cordel de 6 estrofes, em 12 páginas, veja como ficaria a distribuição:

Conteúdo do folheto	
Página 1 (frente)	Entra o título do cordel e uma ilustração
Página 2 (verso da página 1)	Entra estrofe 1
Página 3 (frente)	Entra desenho da estrofe 1
Página 4 (verso da página 3)	Entra estrofe 2
Página 5 (frente)	Entra desenho da estrofe 2
Página 6 (verso da página 5)	Entra estrofe 3
Página 7 (frente)	Entra desenho da estrofe 3
Página 8 (verso da página 7)	Entra estrofe 4
Página 9 (frente)	Entra desenho da estrofe 4
Página 10 (verso da página 9)	Entra estrofe 5
Página 11 (frente)	Entra desenho da estrofe 5
Página 12 (verso da página 11)	Entra estrofe 6 e desenho da estrofe 6

5. Para a capa, utilize apenas uma folha de papel sulfite, dobrada e cortada ao meio, obtendo duas metades. Numere as páginas de 1 a 4, a lápis (apenas para sua orientação, depois que o cordel estiver finalizado, apague), conforme o quadro abaixo:

Capa	
Página 1 (frente)	Dados da capa: título, autores, ilustra
Página 2 (verso da página 1)	Pode ficar em branco
Página 3 (frente) – entra logo após a página 12 do miolo	Pode ficar em branco
Página 4 (verso da página 3)	Texto curto apresentando o trabalho e/ou foto e nome dos participantes

c) Para organizar o trabalho, vocês podem criar uma tabela no Diário de bordo, indicando cada uma das estrofes, o grupo responsável pela estrofe e a ilustração que será feita.

d) Agora os desenhos e as matrizes podem ser preparados. A impressão só será feita na próxima etapa. A ilustração pode complementar o sentido da estrofe, auxiliando na leitura do cordel. Ela não precisa ser apenas decorativa, pode haver uma relação entre o texto e a imagem. Pensem na intenção de vocês com o cordel antes de planejar as ilustrações que farão.

FOLHETO DE CORDEL

ATIVIDADE FINAL

» Agora vamos montar o livreto de cordel da turma e preparar o evento de lançamento.

a) Depois de cada grupo ter criado sua estrofe de cordel e a ilustração para ela, chegou o momento de reunir as partes, montar e finalizar o cordel de vocês. Observem os passos a seguir.

Você vai precisar de

- capa
- estrofes finalizadas e ilustradas
- grampeador

COMO FINALIZAR A MONTAGEM DO CORDEL

Montar os livretos é bastante simples:

1. Esperem as ilustrações secarem.
2. Coloquem as páginas na ordem das estrofes, encaixem as páginas na capa e grampeiem a lombada do livreto.

Ismar Ingber/Pulsar Imagens

3. A capa deve conter o título do cordel e também uma ilustração, além do nome dos autores. Se possível, pode ser sulfite colorido para diferenciar a capa do miolo.
4. Na contracapa, é possível escrever agradecimentos, incluir uma foto do grupo e dedicar o cordel a alguém.

Se liga

Como vocês vão fazer o lançamento dos livretos de cordel, é preciso prever quantas cópias serão necessárias. O ideal é que cada aluno receba uma cópia e ainda haja um número de livretos suficiente para os convidados. Se sobrarem cópias, elas podem ser levadas para a biblioteca da escola ou da sua cidade. Quanto mais leitores, melhor!

b) Combinem com o professor a data e o local para o lançamento dos cordéis. Em grupos, preparem-se para as diferentes tarefas de organização do evento.

- Façam a lista de convidados e depois preparem os convites por meio de cartazes, mensagens usando aplicativos de celular ou visitem as outras turmas da escola para convidá-los pessoalmente. Todos vão querer participar!
- Verifiquem onde os folhetos de cordel serão expostos antes de serem distribuídos aos convidados: em uma mesa forrada com toalha, por exemplo, ou pendurados em cordas.
- Decidam se será possível expor no local os carimbos e as tintas usados na impressão.
- Decidam se alguém dos grupos ou o professor vai fazer uma breve exposição, explicando o que são cordéis e qual a intenção de vocês ao fazer esse convite.
- Deixem os Diários de bordo disponíveis para os convidados folhearem. As pessoas ficarão curiosas em conhecer o processo de criação que gerou os cordéis.

Avaliação

- Você gostou de fazer o cordel? Do que você gostou mais?
- Você ouviu e respeitou as opiniões dos colegas, mesmo quando não concordava com elas?
- Você teve autonomia/liberdade para expor suas ideias?
- De que parte você gostou mais: escrever ou ilustrar o cordel?
- Você concordou com todas as decisões tomadas pelo grupo? Isso foi fácil ou difícil para você?
- Você gostou do resultado final?
- Os convidados gostaram dos cordéis produzidos por vocês?

Como divulgar

Como vocês poderiam divulgar para mais pessoas o cordel produzido por vocês?

- Tirando fotos do evento de lançamento e postando no *site* da escola e em redes sociais?
- Deixando alguns cordéis disponíveis para leitura na biblioteca da escola e da cidade?
- Que tal deixar nos corredores da escola os cartazes feitos para convidar as pessoas para o lançamento? Outros alunos e pessoas da comunidade escolar podem se interessar e procurar pelo cordel de vocês.

DIÁRIO DE BORDO

Com a orientação do professor, complemente seus registros no Diário de bordo. Até aqui você já registrou muita coisa: a narrativa oral que ouviu de uma pessoa mais velha; impressões pessoais em várias etapas do projeto; a tabela com a sugestão de temas para o cordel; entre outras atividades. Agora, redija um texto de finalização do projeto com sua opinião sobre ele. Você pode escrever sobre:

- Os melhores momentos do projeto e suas contribuições.
- Os momentos mais difíceis e como foram superados.
- Opiniões ouvidas de quem assistiu à apresentação.

Seu registro pode também conter imagens:

- Uma foto da plateia assistindo à apresentação.
- Uma foto do seu cordel para guardar de lembrança.
- Uma foto do grupo trabalhando.
- Um exemplo de ilustração que você fez para o cordel, usando o seu carimbo ou isogravura.

MATEMÁTICA E BRINCADEIRAS

› Com quantos ângulos se faz uma pipa?

Biblioteca Ambrosiana, Milão, Itália/Album/Fotoarena

Ilustração de um festival de pipas na China. Foi publicada na revista semanal inglesa *The Graphic* em 13 de setembro de 1879.

Introdução ao Projeto 3

Para muitos, fazer e soltar pipas é uma arte. Muitas pessoas viveram ou presenciaram histórias inesquecíveis envolvendo essa brincadeira, que é comum em várias partes do mundo.

Neste projeto, você conhecerá um pouco da história das pipas, desde sua origem até os festivais e campeonatos que acontecem em diversos países premiando as pipas mais criativas. Você vai descobrir também que essa brincadeira envolve conhecimentos de Geometria muito interessantes.

Vamos usar conhecimentos de Matemática e de Arte para organizar um grande evento envolvendo os colegas de escola, sua família, amigos e pessoas da comunidade. Para isso, você vai realizar algumas atividades:

- Pesquisar a história das pipas e de seus usos ao longo do tempo.
- Entrevistar as pessoas de sua família e da comunidade para investigar como as pipas eram feitas.
- Ler imagens nas quais empinar pipas é o tema central.
- Discutir sobre os conhecimentos geométricos presentes na confecção de uma pipa e sobre alguns que podem deixá-la mais divertida.
- Realizar uma oficina de criação de pipas.
- Organizar um festival de pipas envolvendo a escola, a família e a comunidade para compartilhar o que você aprendeu.

Photo Japan/Alamy/Fotoarena

Pipa gigante com estrutura de bambu. Pesa 950 quilos e mede 15 metros. Festival de pipas em Kanagawa, no Japão, em 2009.

De olho no tempo

Mesmo que você já saiba fazer e empinar pipas muito bem, com seus colegas, faça um levantamento das atividades propostas e programe um tempo para cada uma, organizando um cronograma com as datas previstas. Estabeleçam datas de início e de término e dividam o tempo previsto entre as três etapas do projeto, destinando um tempo maior para a Etapa 3, que será dedicada à organização e à realização do evento com as famílias e a comunidade. O professor vai ajudá-los nesse planejamento.

Diário de bordo

Separe um caderno para registrar as descobertas e os novos aprendizados ao longo do projeto. Anote conceitos da Geometria, suas opiniões e observações e tudo o que for significativo para você e importante para a realização das etapas. Não se esqueça de registrar também suas próprias experiências com a pipa. Esse será seu Diário de bordo. Enriqueça seus registros com elementos visuais, como fotos, desenhos e esquemas.

ETAPA 1

Muitos afirmam que as pipas se relacionam com a história da humanidade de várias maneiras. De um lado, podem expressar o desejo humano de voar e, por essa razão, serem associadas às máquinas inventadas para essa finalidade. De outro, revelam um viés religioso de contato com o mundo divino dos seres que habitavam os céus. O certo mesmo é que a pipa é o primeiro objeto voador inventado pelo ser humano; um "planador" rudimentar que faz parte da história da aviação.

Antigamente, as pipas chegaram a ser utilizadas pelos chineses como sinalizadores em batalhas. Com base nos formatos e nas cores das pipas, eles criaram códigos para comunicação entre os soldados.

As pipas, além de inspirarem a construção de diversos objetos científicos, atravessando diferentes épocas e culturas, foram utilizadas para previsão do tempo na pesca e como instrumento de medição de distâncias.

Thor Jorgen Udvang/Shutterstock

As possibilidades de criação de pipas são infinitas. Seu princípio científico e matemático, porém, é sempre o mesmo: a interação com o vento é que faz a pipa subir. Na foto, festival de pipas em Pasir Gudang, na Malásia, em 2018. »

VOANDO BEM ALTO

Os papagaios de Alberto são os melhores.
Com duas varetas de bambu, o menino faz uma cruz
e cobre a armação com o papel de seda
comprado na venda do seu Manuel
Depois faz uma **rabiola** com tiras do jornal do pai.
A **envergadura** é perfeita.
A pipa de Alberto voa muito.
É a que voa mais alto.

LUCHETTI, José Roberto. *Alberto, do sonho ao voo*. São Paulo: Scipione, 2005. p. 8.

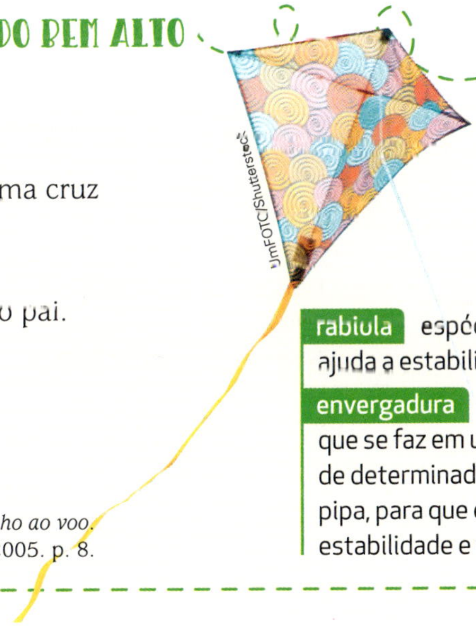

JmFOTC/Shutterstock

rabiola espécie de cauda que ajuda a estabilizar a pipa no ar.

envergadura é a curvatura que se faz em uma das varetas de determinados tipos de pipa, para que ela tenha mais estabilidade e voe mais alto.

Se liga

Alberto Santos Dumont, brasileiro e pai da aviação, era um entusiasmado empinador de pipas. Em sua infância, passada na fazenda de plantação de café de propriedade de seus pais, em Minas Gerais, Dumont iniciou suas tentativas de conquistar o espaço aéreo com aquilo que chamava de "invenções mais pesadas que o ar", ou seja, os futuros aviões. Seu consagrado modelo "14 bis", que lhe deu prestígio, era na verdade um motor ligado a duas pipas-caixas, que funcionaram como asas.

Reprodução/Fundação Santos Dumont

Voo de Santos Dumont no "14 Bis", no Campo de Bagatelle, em Paris, em 1906.

À medida que as sociedades e as culturas se modificam, as brincadeiras também se transformam. No mundo contemporâneo, novos brinquedos e brincadeiras que envolvem alguma forma de tecnologia conquistaram o interesse das crianças. Essas tecnologias modificam também o modo como elas brincam. Os hábitos e costumes relacionados ao modo de brincar são influenciados pelo desenvolvimento social e econômico. Assim, os novos brinquedos que surgem se misturam às brincadeiras consideradas "tradicionais", criando uma **interface** entre o antigo e o novo.

interface ponto em comum entre dois ou mais sistemas; no caso da afirmação no texto, refere-se ao ponto em comum entre as brincadeiras "tecnológicas" e as "não tecnológicas".

Atividade 1

» O ponto de partida do nosso projeto será fazer algumas entrevistas com adultos que moram com você sobre as brincadeiras comuns na época em que eles eram crianças. A intenção é levantar uma série de dados para compreender algumas diferenças entre brincar em tempos passados e brincar nos dias de hoje.

a) Para isso, copie a tabela abaixo em seu Diário de bordo e, antes de fazer as entrevistas, analise os tipos de informação a serem pedidos.

b) As informações devem ser completas e detalhadas, para que você e os colegas possam chegar a uma resposta à pergunta:

Brincar em tempos passados era diferente de brincar nos dias de hoje?

Nome da brincadeira	Como ela era brincada	Quantas crianças podiam brincar por vez	Materiais necessários para a brincadeira	Regras da brincadeira	Meninos e meninas brincavam juntos ou separados?	A brincadeira usava algum meio tecnológico?

c) Regras para a realização das entrevistas:
- Essa pesquisa deve ser feita individualmente.
- Cada aluno deve entrevistar quatro pessoas (seus pais ou responsáveis podem ser entrevistados).
- Cada aluno deve anotar o máximo de informações em cada item.

VOCÊ JÁ SABE COMO FAZER

No Projeto 1, página 19, estão as orientações sobre como fazer uma entrevista. Relembre!

d) Finalizadas as entrevistas, o professor vai orientar a turma sobre como organizar os dados coletados.

Na tela do pintor brasileiro Candido Portinari, a brincadeira de empinar pipas é representada como algo mágico que preenche todo o céu. Esse quadro foi pintado em 1947 e se chama *Meninos soltando pipas*.

Atividade 2

» Depois de realizar as entrevistas e de organizar os dados coletados, é hora de conversar com os colegas.

a) Troque ideias com seu grupo sobre os seguintes pontos:
- Quais brincadeiras foram mais citadas nas entrevistas?
- A brincadeira de empinar pipas foi citada?
- Os adultos, em seu tempo de criança, brincavam com brinquedos eletrônicos? Por quê?
- Você conhece todas as brincadeiras citadas pelos adultos entrevistados? Você brinca de alguma delas?
- Há diferenças entre a maneira como se brincava antigamente e a que se brinca hoje em dia?

b) Registre no seu Diário de bordo as principais conclusões a que a turma chegou após a organização dos dados e a troca de ideias.

Atividade 3

» As pipas têm uma origem muito curiosa e diversos usos através dos tempos. A proposta agora é você pesquisar a origem das pipas e como foram usadas em diferentes épocas da história. Livros e *sites* da internet podem fornecer informações para sua pesquisa.

a) Para melhor se organizar, siga o roteiro abaixo, anotando as informações em seu Diário de bordo:
- Quando e onde surgiram as primeiras pipas.
- Mitos da Antiguidade relacionados às pipas.
- Época em que as primeiras pipas chegaram ao Brasil e como isso ocorreu.
- Os vários nomes que a pipa recebe nos diferentes lugares e regiões do Brasil.
- Usos da pipa para fins científicos e militares.
- Festivais de pipas mais importantes no mundo.

b) Compartilhe o resultado de sua pesquisa com um colega.

ETAPA 2

Há vários tipos de pipa e suas formas geométricas variam, o que faz com que a maneira como cada pipa deve ser construída seja diferente. A pessoa que faz uma pipa pode não saber, mas há muita matemática envolvida na criação de um desses brinquedos voadores.

Vamos agora investigar as noções matemáticas que são importantes para a construção de uma pipa. As retas em verde mostram como a estrutura de uma pipa pode ser observada a partir de figuras geométricas (no caso da pipa ao lado, uma pipa maranhão, temos triângulos retângulos e quadrados).

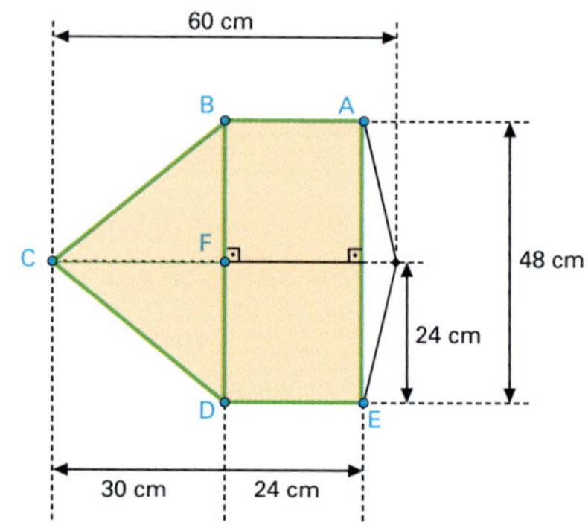

ATIVIDADE 1

» Como seria olhar para o mundo que o cerca e enxergar os **ângulos** e as retas presentes tanto na natureza quanto em objetos criados pelo ser humano? Talvez você nunca tenha pensado nisso, mas em todos os lugares podemos reconhecer ângulos em objetos do dia a dia. Associados a outros conceitos da Geometria Plana, eles nos ajudam a compreender a forma dos objetos.

ângulos chama-se ângulo a região entre duas semirretas que partem de uma mesma origem. Podemos dizer, ainda, que um ângulo é a medida da abertura de duas semirretas que partem da mesma origem.

» Veja, abaixo, a representação gráfica dos ângulos quanto às suas medidas.

Tipo	Definição	Exemplo
Ângulo reto	Mede 90°	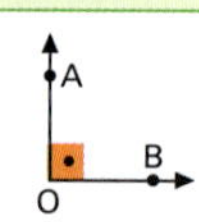
Ângulo agudo	Medida menor que 90°	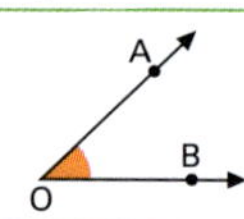
Ângulo obtuso	Medida maior que 90°	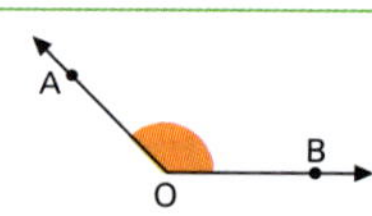
Ângulo nulo	Mede 0°	
Ângulo raso	Mede 180°	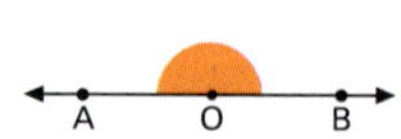
Ângulo de 1 volta	Mede 360°	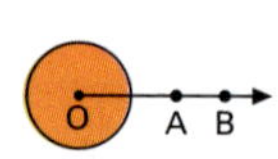

Ilustrações: Banco de imagens/Arquivo da editora

a) Forme uma dupla com um colega. Utilizando uma câmera fotográfica ou um celular com câmera, fotografem objetos e espaços nos quais vocês reconheçam ângulos de vários tipos e os classifiquem. Veja um exemplo abaixo:

Imagens: Joe Schmelzer/Corbis/Getty Images

Na segunda foto da casa, um dos ângulos do telhado foi marcado com vermelho: é um exemplo de ângulo agudo.

b) Como no exemplo acima, será necessário imprimir duas fotografias iguais: uma deve ficar conforme o original e na outra deve ser feita a marcação do ângulo, com uma caneta colorida de ponta grossa.

c) Em folhas de papel tamanho A4, colem as duas fotos e escrevam abaixo delas a classificação do ângulo que vocês encontraram.

d) Cada dupla deve fotografar os seis tipos de ângulo da tabela da página anterior. Serão usadas, portanto, seis folhas de papel tamanho A4. Conversem com o professor sobre a melhor forma de expor esse trabalho.

Você vai precisar de

- celular com câmera ou câmera fotográfica
- caneta colorida de ponta grossa
- 6 folhas de papel A4
- cola
- impressora

Atividade 2

» Nas pipas, os ângulos podem ser vistos na armação, estrutura feita de varetas (em geral, bambu ou madeira) que sustenta o papel e garante sua firmeza. Essa armação é o "esqueleto" da pipa!

Valdir de Oliveira/Fotoarena

a) Observe na figura ao lado como o "esqueleto" da pipa ajuda a formar uma figura geométrica.

b) Identifique, nas pipas abaixo, a figura geométrica formada e escreva o nome de cada uma delas no Diário de bordo.

Diane Diederich/Shutterstock

Pipa diamante.

Michaela0401/Shutterstock

Pipa asa-delta.

Ivano DS/iStockphoto/ Getty Images

Pipa hexagonal.

Paulo Fridman/Samba Photo/Getty Images

Pipa maranhão.

ATIVIDADE 3

» Observe a seguir o desenho da armação de cada tipo de pipa visto na Atividade 2.

a) Copie cada um dos desenhos em seu Diário de bordo.

b) Com uma cor de destaque, identifique todos os ângulos de cada desenho e calcule-os, lembrando que a soma interna dos ângulos de um triângulo é sempre 180°.

1

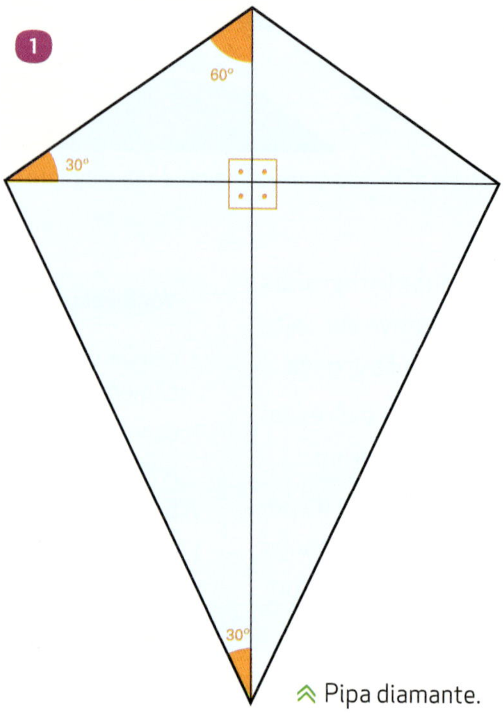

Pipa diamante.

2

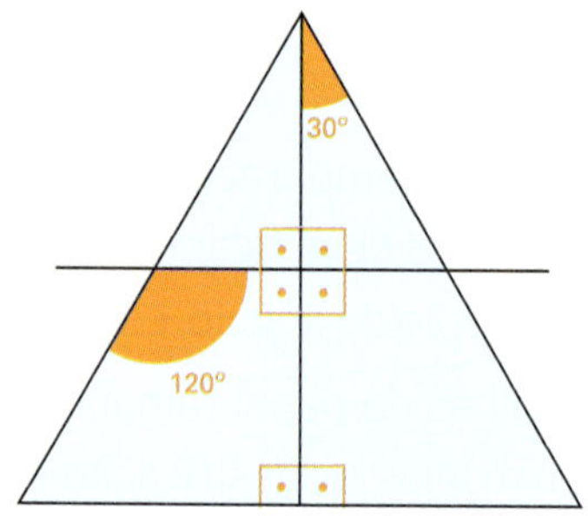

Pipa asa-delta.

3

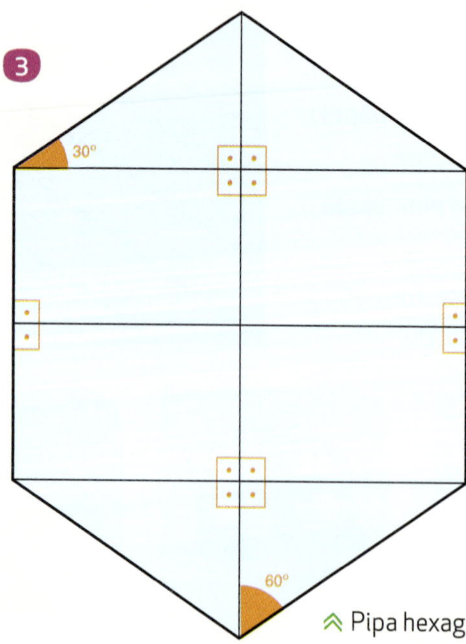

Pipa hexagonal.

4

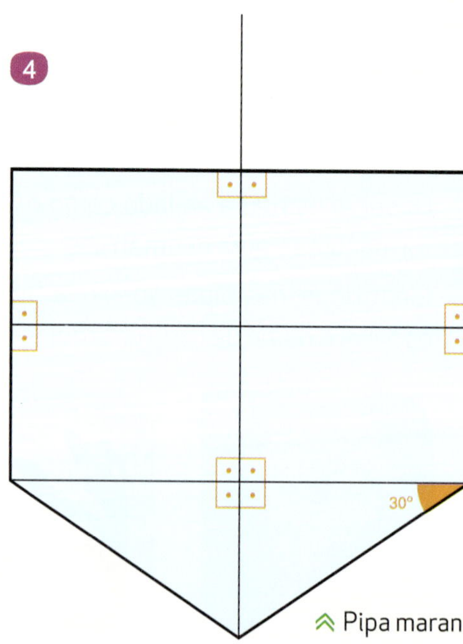

Pipa maranhão.

Ilustrações: Banco de imagens/Arquivo da editora

ETAPA 3

ATIVIDADE 1

» Depois de mergulhar no universo das pipas, que tal construir algumas?

Para aqueles que já têm experiência em fazer pipas, é hora de mostrar todo o seu talento: crie uma pipa que seja realmente desafiadora para você, algo que talvez tenha sonhado em criar, mas não conseguiu ainda (pipa com um formato diferente ou de um tamanho que você não tenha experimentado, etc.).

Para os que estão se iniciando nesta experiência que tem encantado inúmeras gerações nos mais diversos lugares do planeta, sintam-se à vontade para utilizar as imagens das pipas apresentadas nas atividades anteriores como ponto de partida.

Você vai precisar de

- papel de seda colorido
- varetas de bambu com 40 cm e 60 cm de comprimento e espessura de 3 milímetros
- carretel de linha nº 10
- tesoura sem pontas
- cola
- 1 palito de dente ou de fósforo

COMO FAZER UMA PIPA

O modelo indicado a seguir corresponde ao de uma pipa bem fácil de fazer. Caso você queira, com a ajuda do professor, pode criar um modelo mais complexo!

Siga os passos:

1. Pegue as duas varetas e forme uma cruz. A vareta maior fica na vertical e a menor, na horizontal (a parte inferior da cruz deve ter 40 cm e a superior, 20 cm).

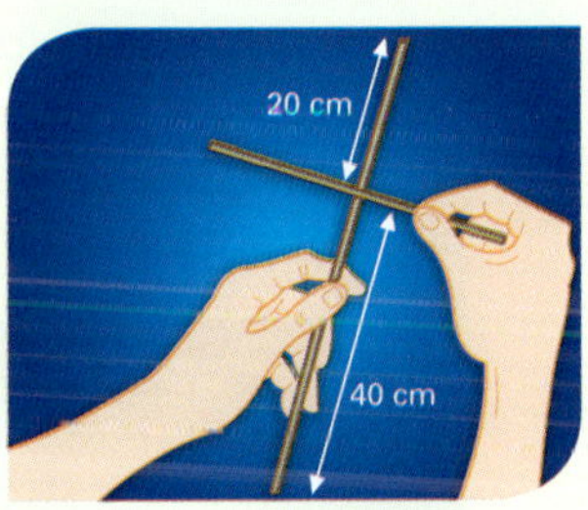

2. Amarre uma vareta na outra com 20 cm de linha. Passe a linha em cada ângulo formado pelas varetas cruzadas fazendo um X.

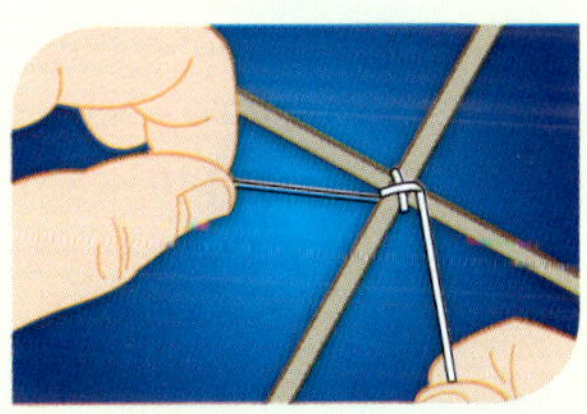

3. Com a linha do carretel, comece a amarrar a ponta de uma vareta. Dê cinco voltas e estique levemente a linha até outra ponta dando cinco voltas. Repita isso em cada extremidade até formar a figura de um losango.

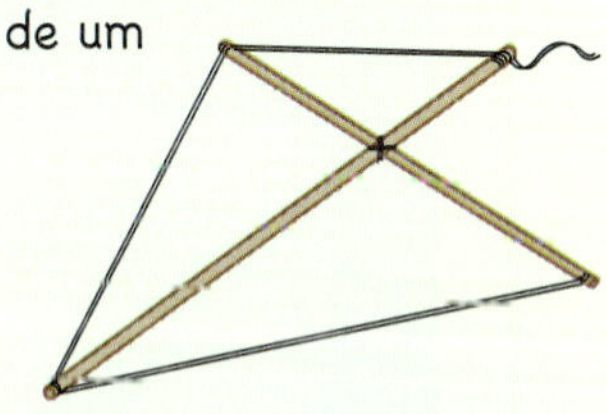

4. Passe cola em um lado das varetas e cole a armação sobre a folha de papel de seda quadrada.

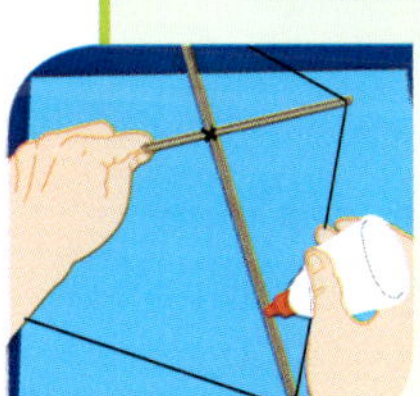

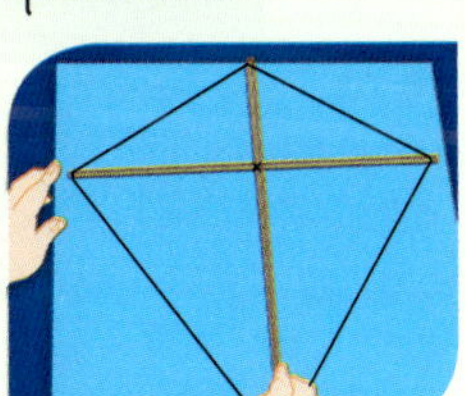

5. Com uma tesoura sem pontas, recorte a folha de papel no formato do losango deixando 2 cm a mais em cada borda.

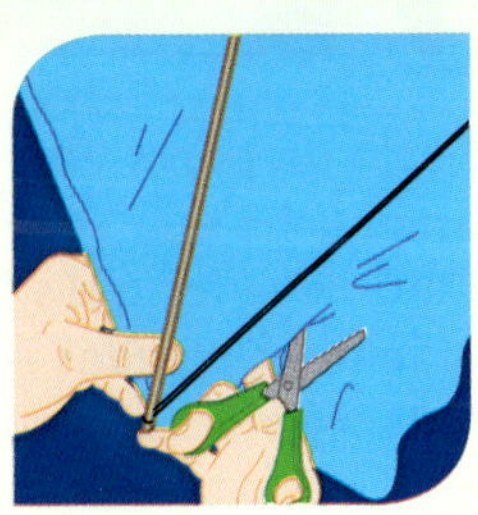

6. Faça um pequeno corte na folha, em cada vareta, para que o papel não cubra as pontas.

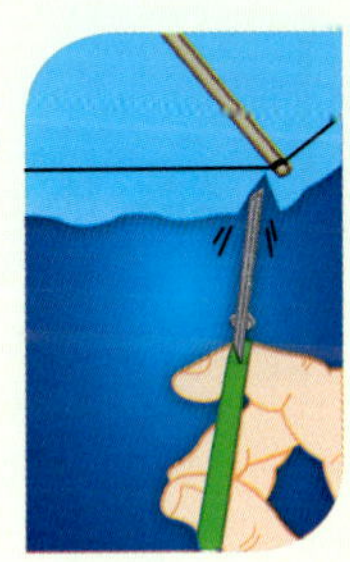

Ilustrações: Primo da Cidade ilustras & Co./ Arquivo da editora

7. Passe cola nas bordas de papel que sobraram próximo à linha.

8. Dobre a borda para dentro, por cima da linha, cobrindo-a.

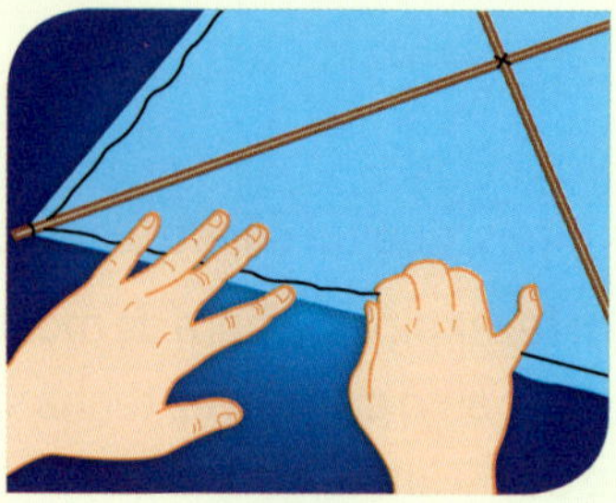

9. Para fazer o estirante, use um palito de dente ou de fósforo. Faça dois furos na diagonal do cruzamento das duas varetas, na parte superior da pipa.

estirante pedaço de linha que fica preso na pipa. Nele é amarrada a linha do carretel; em algumas localidades é chamado de "cabresto".

10. Na parte de baixo da pipa, meça 20 cm e faça dois furos paralelos, um de cada lado da vareta.

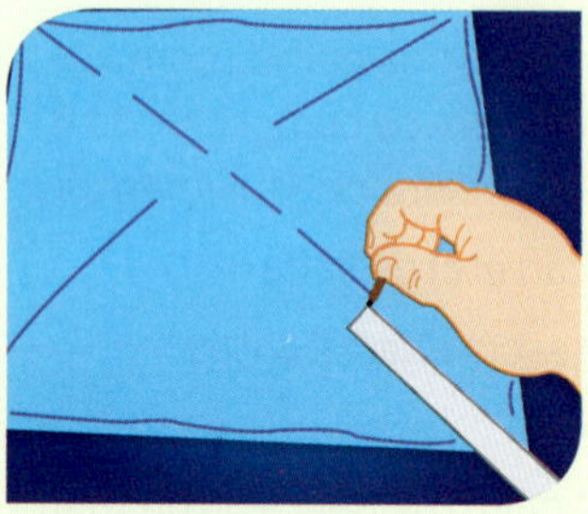

11. Pegue um metro de linha e dobre-a em duas. Começando pela frente da pipa, na parte superior, passe a linha dobrada em um dos buracos, passe por cima do cruzamento das varetas na parte de trás e volte a linha para a parte da frente da pipa pelo outro buraco.

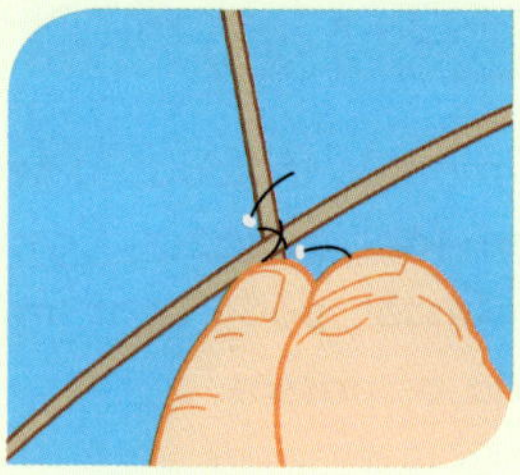

12. Dê um nó para que a linha dupla fique presa na parte de cima da pipa.

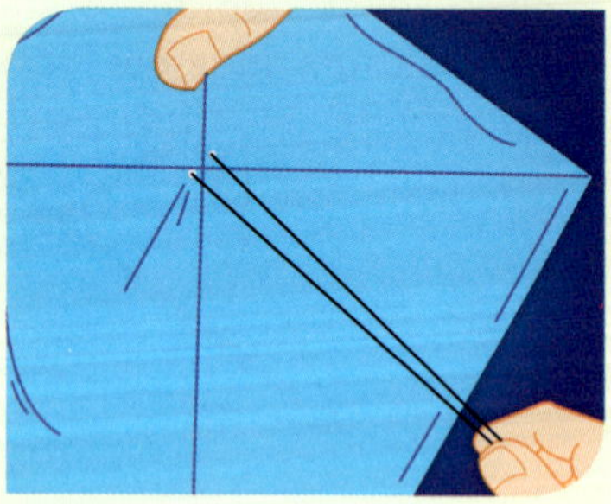

13. Pegue a outra extremidade da mesma linha e passe por um dos furos de baixo, dê a volta por cima da vareta e passe a linha pelo outro furo, de volta para a parte da frente da pipa.

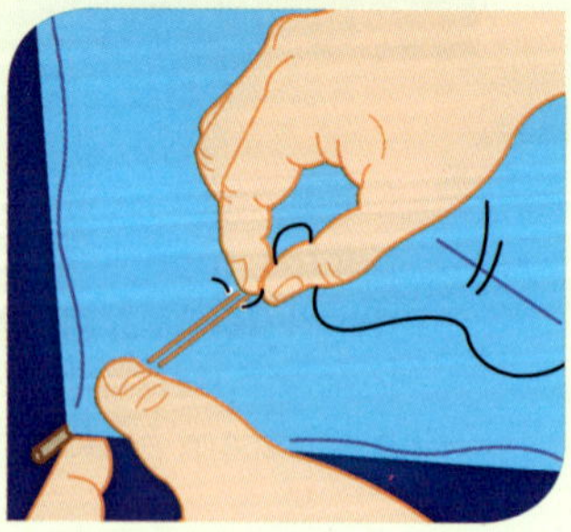

14. A linha amarrada nos buracos das duas extremidades não vai ficar esticada, ao contrário, ficará com uma folga. Deixe um pouco da linha com essa folga e amarre a linha restante nela mesma. Está pronto o estirante. Nele será amarrada a linha do carretel para empinar a pipa.

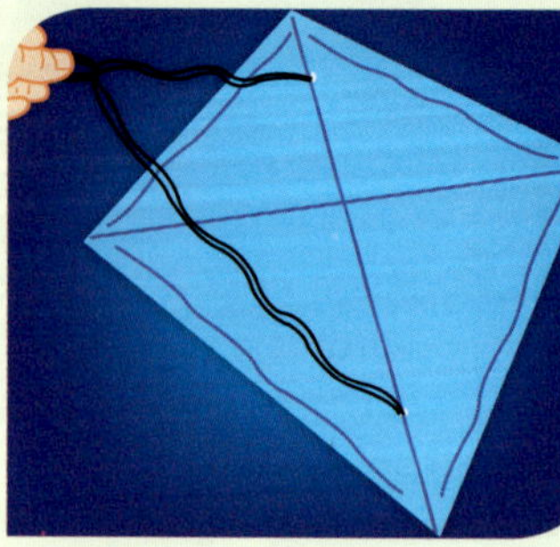

Ilustrações: Primo da Cidade ilustras & Co./ Arquivo da editora

15. Para fazer a rabiola, corte pedaços do papel em tiras e cole-as em um fio de 2,5 metros da mesma linha que você usou para montar o corpo da pipa. Cada tira deve ter a distância de três dedos uma da outra. As tiras devem ser coladas na sequência. Amarre essa linha na extremidade inferior da pipa.

16. Decore sua pipa com papel de seda colorido.

FESTIVAL DE PIPAS

» Depois de estudar muitas coisas sobre as pipas e de trabalhar na construção da sua, chegou o momento de compartilhar com a família e a comunidade o que aprendeu.

a) Com a ajuda da direção da escola e dos professores, escolham um lugar em que possam empinar pipas sem risco de atingir a fiação elétrica ou antenas de TV.

b) Com os colegas e o professor, façam um teste para ver se as pipas voam.

c) Em seguida, combinem a data para realização do evento e como ele será. Haverá apresentação geral do trabalho e depois das pipas?

d) Para divulgar o festival de pipas, preparem cartazes, com indicação de data e local, e distribuam pela escola e pela cidade. Visitem as outras turmas da escola para convidá-las pessoalmente.

O local

Praças e parques públicos são bons lugares por serem espaços abertos, com capacidade de abrigar muitas pessoas. Se sua escola fica perto de um espaço com essas características, seria adequado realizar o festival nesse local.

» Lembre-se de partilhar sua pipa com os convidados. Deixe que eles também sintam o gosto de dominar os céus!

Yulyao/iStock/Getty Images

Festival de pipas num parque em Moscou, na Rússia. Foto de 2016.

Avaliação

Como foi, para você, participar desse projeto de construção de pipas?

- Você gostou de construir sua pipa?
- Conseguiu relacionar algumas das coisas que aprendeu ao longo das atividades deste projeto com a construção de sua pipa?
- Foi difícil criá-la? Sua pipa ficou do jeito que você gostaria?
- Daquilo que você aprendeu, desde a história das pipas até seus ângulos, o que mais chamou sua atenção? Por que, para você, esse conhecimento pode ser importante?
- Como foi seu desempenho e o de seus colegas no festival de pipas?
- Sua família partilhou a experiência do festival com você? Como você avalia essa participação?

Como divulgar

Vocês podem ampliar a divulgação do projeto disponibilizando o trabalho que realizaram. Como fazer isso?

- Registrando o festival de pipas, por meio de vídeos e fotografias, para postar esse material no *site* da escola?
- Organizando uma exposição, aberta para a comunidade, das imagens fotográficas coletadas com os ângulos indicados?
- Expondo as pipas de vocês em algum espaço da escola, para que todos possam ver?
- Solicitando que representantes do poder local (prefeitura, centros comunitários, subprefeituras, etc.) compareçam em um próximo evento programado pela escola em torno desse projeto?

DIÁRIO DE BORDO

Em vários momentos, você foi convidado a registrar, no Diário de bordo, o que estava produzindo. É igualmente importante registrar as atividades programadas para o encerramento.

Sob a orientação do professor,

- escreva um pequeno texto contando como foi seu desempenho em cada uma das atividades propostas;
- descreva o que foi fácil para você e também suas dificuldades em lidar com alguns assuntos ou conceitos;
- cole em seu Diário de bordo uma fotografia do festival de pipas e o convite para esse evento;
- peça a alguém que participou do evento que conte suas impressões e registre essa conversa;
- escreva o que sentiu ao ver a pipa que você mesmo criou subir aos ares pela primeira vez!

HISTÓRIA DA ESCRITA

› Como e onde surgiu a escrita?

Akv2006/Dreamstime/Glow Images

⌃ Representação artística de **hieróglifos** egípcios e suas letras correspondentes no nosso alfabeto.

hieróglifos sinais da escrita pictográfica dos antigos egípcios.

Introdução ao Projeto 4

Pronto para o desafio de descobrir como e onde surgiu a escrita?

Neste projeto, você vai trabalhar em grupo para construir um infográfico representando os lugares em que a escrita surgiu. Nele também devem constar algumas características sociais, culturais e econômicas dessas sociedades que inventaram a escrita.

Vamos usar conhecimentos de História, Geografia e Língua Portuguesa, trabalhando de modo muito criativo. Você vai realizar muitas tarefas:

- Conhecer o surgimento da escrita.
- Participar de desafios criando e decifrando códigos secretos.
- Pesquisar e localizar geograficamente algumas sociedades que criaram diferentes tipos de escrita.
- Expor oralmente os resultados de sua pesquisa.
- Construir um infográfico em formato de planisfério, localizando nele algumas das sociedades nas quais surgiram diferentes tipos de escrita e algumas de suas características.
- Compartilhar com a comunidade suas descobertas.

De olho no tempo

Vamos organizar um cronograma para o projeto? Converse com o professor e os colegas para calcular o tempo necessário. Marquem a data de início. Lembrem-se de reservar tempo suficiente entre a pesquisa sobre as sociedades em que surgiu a escrita e o preparo da exposição oral. Pensem no número de aulas necessário para realizar as atividades previstas e a elaboração do infográfico.

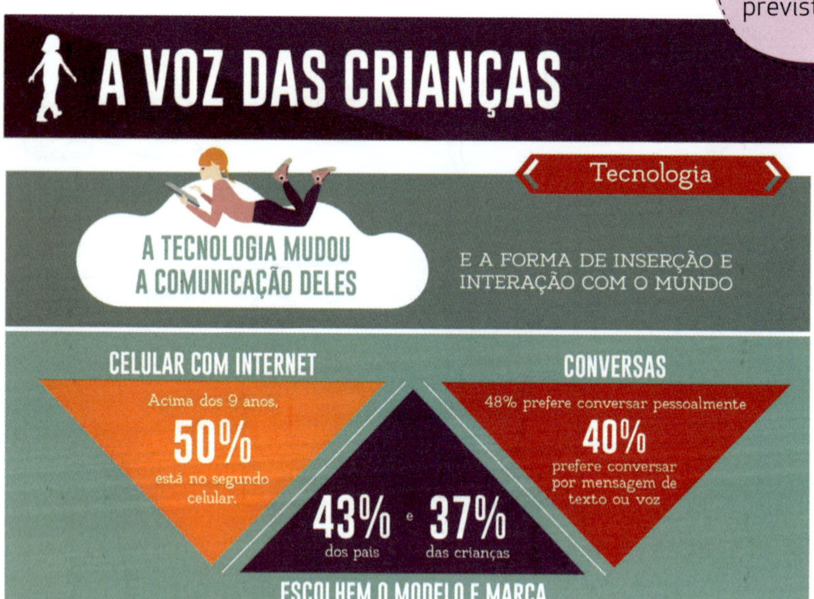

Pesquisa e imagem cedida pela Minds&Hearts/HSR Specialist Researchers

« Detalhe do infográfico *A voz das crianças* (título), que mostra a relação entre elas e a tecnologia. Observe que cores, imagens e símbolos ajudam o leitor a localizar as informações de forma rápida. Por exemplo, o triângulo laranja mostra que 50% das crianças entrevistadas maiores de 9 anos já tiveram mais de um celular com internet. Foram entrevistadas 1 500 crianças (47% meninas e 53% meninos) entre 7 e 12 anos, nos estados de SP, RJ, MG, RS, PR, PE e BA.

Diário de bordo

Usem o Diário de bordo para registrar as descobertas de vocês e para organizar as informações que forem coletando. Este é um projeto que traz muitos desafios e aprendizados; será bacana lembrar dele no futuro!

ETAPA 1

Em algum momento da história, os seres humanos desenvolveram a linguagem falada. Com o tempo, surgiu a necessidade de registrar ideias e informações ou se comunicar por escrito.

Você já pensou em como as pessoas se comunicavam antes da invenção da escrita, quando, por alguma razão, não podiam se comunicar oralmente? Já se perguntou quem inventou a escrita? E os modos de comunicação que usamos hoje, no século XXI?

A comunicação escrita é uma necessidade humana e, desde tempos remotos, a humanidade encontrou maneiras de transmitir ideias, por meio de desenhos, símbolos, etc. As placas e os sinais de trânsito e alguns símbolos usados em aplicativos de celulares são exemplos da permanência desse tipo de comunicação sem palavras. A escrita que utiliza letras e palavras não substitui outras formas de comunicação; elas se complementam, com usos específicos. Você conhece os símbolos ao lado? Sabe o que significam?

jtstock image/Shutterstock

johavel/Shutterstock

O SURGIMENTO DA ESCRITA

Em diferentes lugares e épocas, várias sociedades criaram sistemas de escrita. Os primeiros povos que desenvolveram a escrita, segundo estudiosos, foram os **mesoamericanos**, os **sumérios**, os egípcios e os chineses. Quase sempre por razões comerciais e econômicas, esses povos sentiram a necessidade de registrar informações.

mesoamericanos povos da Mesoamérica, região do continente americano que engloba territórios da América Central e do extremo sul da América do Norte, onde se desenvolveram as primeiras sociedades complexas do continente americano, como os olmecas, maias e astecas.

sumérios antigos povos da Mesopotâmia, como era chamada a região entre os rios Tigre e Eufrates, no atual Oriente Médio, onde hoje se situa o Iraque, entre outros países.

HISTÓRIA DA ESCRITA

Quando o homem começou a plantar, criar animais, fiar, construir cidades, a escrita passou a ser um instrumento necessário e importante. Era preciso, por exemplo, controlar os rebanhos e, mais tarde, os produtos que iam do campo para a cidade e da cidade para o campo. Veja esta forma de escrever (ao lado):

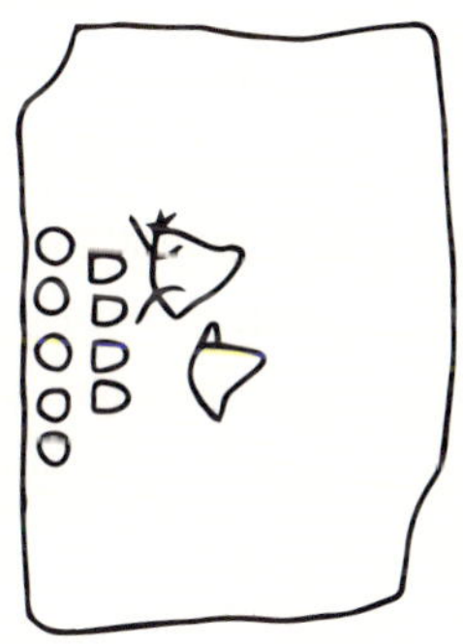

Pessoas que estudam as escritas antigas descobriram que:

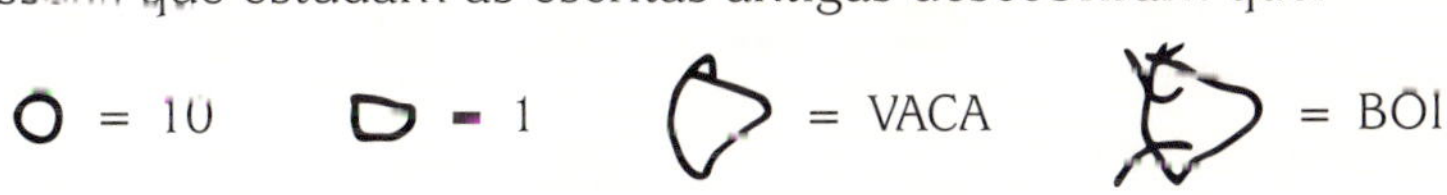

E que, portanto, aquela escrita queria dizer:

54 BOIS E VACAS

Esse é um exemplo da escrita dos sumérios, um povo que viveu há cerca de 5 mil anos, na antiga região da Mesopotâmia, hoje o deserto do Iraque.

ZATZ, Lia. *Aventura da escrita*: história do desenho que virou letra. São Paulo: Moderna, 1991. p. 23.

Ao longo do tempo, os sinais mostraram-se difíceis de usar: havia muitas palavras e decorar símbolos para cada uma delas era impossível. Além disso, alguns sinais dependiam do contexto para serem entendidos: um mesmo símbolo – uma flecha, por exemplo – podia significar "flecha" ou "vida" para os sumérios, porque as duas palavras tinham o mesmo som: TI. Outra dificuldade era criar símbolos específicos para diferenciar tipos de aves ou de outros animais, assim como criar sinais para nomes próprios e para palavras como "felicidade" ou "tristeza", que não se referiam a coisas concretas.

Dos símbolos para as sílabas e letras

A transformação de símbolos representando palavras para símbolos representando sílabas facilitou a comunicação. No entanto, ainda havia muitos sinais para aprender. Com o tempo, os símbolos foram simplificados e chegou-se ao alfabeto, um conjunto de letras usado para representar a língua na forma escrita. Também o desenho das letras foi se simplificando, para que se pudessem escrever mais palavras e de forma mais rápida.

Primo da Cidade ilustras & Co./Arquivo da editora

Exemplos de transformação de desenhos em letras através do tempo. A primeira linha mostra a transformação até chegar ao A, a segunda, ao H e a terceira, ao M.

Se liga

Em muitas culturas, como a japonesa e a chinesa, são usados, além do alfabeto, ideogramas. Os ideogramas são caracteres que, combinados entre si, formam a escrita de certos idiomas. Eles simbolizam ideias ou até uma frase inteira. É o caso do ideograma 木, que significa "árvore" em chinês, e, quando duplicado, significa "bosque", mostrando as combinações possíveis entre esses símbolos: 林.

Imagens: Samuray Studio/Shutterstock

A escrita alfabética

A escrita que usamos é chamada de alfabética. Ela usa letras para representar os sons da fala. Para aprendê-la, você teve de conhecer as letras do alfabeto, os sons que elas representam e como podem se combinar para formar palavras e frases de acordo com as regras da língua portuguesa.

A língua de sinais (usada por pessoas com problemas auditivos) emprega gestos em vez de escrita, mas também segue uma lógica alfabética: cada letra ou som é representado por um ou mais gestos diferentes. Veja ao lado.

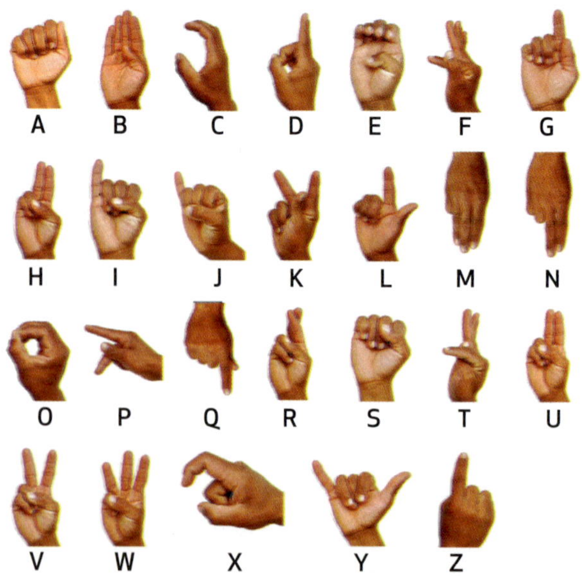

Eduardo Santaliestra/Arquivo da editora

Atividade 1

» Cada grupo vai escolher um modo para comunicar uma mensagem por escrito para os demais grupos. Podem ser usados símbolos, desenhos, uma mistura deles, mas não letras. Os outros grupos terão de decifrar a mensagem.

- Terminada a atividade, reflitam: Como se sentiriam se tivessem de se comunicar por escrito sem palavras no seu dia a dia?

Atividade 2

» Você conhece os *emojis*? Eles são considerados ideogramas, ou seja, imagens que transmitem a ideia de uma palavra ou frase completa, e são muito usados em redes sociais e em trocas de mensagens por aplicativos de celular. Observe a conversa a seguir.

Primo da Cidade ilustras & Co./Arquivo da editora

a) Como você reproduziria esse diálogo usando palavras?

b) Você já usou *emojis* para se comunicar? Converse com os colegas: Por que eles são tão usados hoje em dia?

c) Você já pensou em criar um *emoji*? Como seria ele? Troque ideias com seu grupo.

Atividade 3

» O desafio agora é inventar um código, como este da imagem abaixo.

a) Cada grupo vai criar um código secreto e escrever uma mensagem de três linhas usando o código que criou. Pode ser uma adivinha, um verso popular, um trecho de notícia de jornal; vocês escolhem.

Primo da Cidade ilustras & Co./Arquivo da editora

b) Depois, os grupos trocam as mensagens entre si para decifrar as mensagens dos colegas. Vamos tentar?

ETAPA 2

Agora que você já refletiu sobre o surgimento da escrita, vamos fazer uma pesquisa sobre os povos que a inventaram. Onde viviam? Que atividades exerciam? Como era sua cultura? Que tipo de escrita desenvolveram?

ATIVIDADE 1

» O professor vai distribuir os temas da pesquisa a ser realizada entre os grupos. Cada grupo vai pesquisar uma sociedade e depois apresentar aos colegas os resultados da pesquisa.

Organizando o trabalho

- Organizem-se para a pesquisa. Revejam o cronograma e o tempo destinado para esta etapa.
- Façam uma divisão das tarefas. Todos podem pesquisar e registrar a pesquisa em seu Diário de bordo.
- Lembrem-se também de trazer imagens (impressas ou desenhadas) sobre os povos pesquisados.

Don Mason/Blend Images/Getty Images

ATIVIDADE 2

» Leiam os dados pesquisados pelo grupo e organizem-nos. Façam uma tabela no Diário de bordo, como a do modelo abaixo, ou então escrevam um parágrafo sobre cada item. O importante é garantir a troca de ideias no grupo e a facilidade de acesso às informações coletadas. Registrem na tabela as informações do seu tema de pesquisa e deixem o restante em branco, para ser preenchido quando assistirem às apresentações dos outros grupos.

Quadro-resumo das sociedades estudadas

Sociedade	Localização geográfica	Atividades econômicas	Cultura	Escrita desenvolvida/ exemplo
Egípcia				
Chinesa				
Suméria				
Mesoamericana (asteca e maia)				

ATIVIDADE 3

» Depois de organizar os dados, é hora de compartilhá-los com os colegas da sala. O professor vai marcar uma data e destinar um tempo para cada grupo fazer sua apresentação oral.

a) Preparem a apresentação de vocês e também os recursos que vão usar como apoio: um cartaz ou alguma mídia digital, como um programa de apresentação de *slides*.

COMO FAZER UMA EXPOSIÇÃO ORAL

Para uma apresentação oral bem-sucedida, sigam estas etapas:

Vocês vão precisar de

- folha de cartolina
- canetinhas ou lápis coloridos
- imagens dos povos estudados
- cola

ou

- computador com acesso à internet

1. Escolham a mídia que servirá de apoio para a fala de vocês.
2. Preparem o material de apoio usando frases curtas e imagens.
3. Dividam as falas entre os componentes do grupo.
4. Ensaiem as falas. Lembrem-se: é melhor não ler o material de apoio, apenas usá-lo como lembrete do que deve ser dito.
5. Façam uma apresentação teste, para medir o tempo necessário para a fala de cada um.
6. No momento de apresentarem, usem um tom de voz adequado. Falem com clareza, sem gritar, olhando para a plateia. Certifiquem-se de que todos estão ouvindo cada integrante do grupo.
7. Cuidem da expressão corporal. Evitem ficar com as mãos nos bolsos ou encostados na parede e estejam atentos à fala de todos os componentes do grupo.

Calvin & Hobbes, Bill Watterson © 1995 Watterson/Dist. by Andrews McMeel Syndication

COMO MONTAR UMA APRESENTAÇÃO DIGITAL

Para montar uma apresentação usando um programa comum de *slides*, sigam estas etapas:

1. Abram o programa e selecionem um dos modelos disponíveis clicando-o. Depois, cliquem Criar.

2. Cliquem a imagem e digitem o título de sua apresentação. **"Os sumérios", por** exemplo.

3. Depois, cliquem Inserir e, na sequência, Novo *slide*. Escolham o modelo desejado e cliquem-no.

4. Cliquem o ícone da caixa de texto e desenhem a caixa de texto desejada. Escrevam dentro dela o texto.

5. Para inserir imagens, cliquem Imagens e escolham entre as possibilidades: imagens do computador, imagens *on-line*, instantâneo ou álbum de fotografias. É possível também copiar a imagem de um arquivo ou da internet e colá-la dentro de uma caixa de texto.

6. Criem quantos *slides* forem necessários para a apresentação de vocês. Lembrem-se de colocar pouco texto em cada *slide*, para que as letras fiquem em um tamanho possível de ser lido pela plateia. Ajustem o tamanho da letra se necessário.

7. Ao finalizar sua apresentação, cliquem Arquivo, depois Salvar como e nomeiem seu arquivo, salvando-o no computador ou em um *pendrive*.

b) Assim que as apresentações estiverem preparadas, cada grupo se apresenta e assiste à apresentação dos demais. Desse modo, todos terão informações completas sobre o tema.

Fernando Favoretto/Criar Imagem

« Alunos ouvem explicação dos colegas durante apresentação oral.

c) Tão importante quanto fazer sua apresentação é ouvir e registrar a fala dos colegas. Use seu Diário de bordo para esse registro. Se ficar com dúvidas ou tiver algo que gostaria de entender melhor, pergunte aos colegas no momento destinado para manifestações da plateia.

ETAPA 3

Você sabe o que é um infográfico? É um tipo de representação visual que apresenta informações de modo resumido, usando textos curtos, imagens, desenhos e símbolos. O infográfico pode ilustrar um texto escrito, complementando seus dados e apresentado um processo ou um fluxo, como as etapas necessárias para a produção de papel, por exemplo. É um recurso expressivo para transmitir ideias de modo didático e fácil de entender.

Veja o exemplo da página 50.

Atividade 1

» Vamos responder a algumas questões sobre um infográfico para verificar as possibilidades que esse recurso oferece e para você se preparar para realizar a Atividade final.

Sattu/Luiz Iria/Luciano Veronezi/
Rodrigo Cunha/Abril Comunicações S.A.

Como era a civilização perdida de Atlântida?

Infográfico: Como era a civilização perdida de Atlântida? *Mundo estranho*, março de 2008. Disponível em: <https://mundoestranho.abril.com.br/historia/infografico-como-era-a-civilizacao-perdida-de-atlantida/> Acesso em: 1º jul. 2018.

a) O título desse infográfico é: *Como era a civilização perdida de Atlântida?* Você já ouviu falar de Atlântida? Consegue imaginar onde ficava essa cidade **mítica** observando o infográfico?

mítica relacionada a qualidades próprias de um mito, ou seja, atributos fantásticos ou incomuns.

b) Você achou esse infográfico atrativo? Ele passa as informações de forma clara e objetiva? O que você mudaria nele se fizesse um sobre o mesmo tema?

c) Imagine que, em vez de utilizar esse infográfico para explicar como seria a cidade de Atlântida, você tivesse de escrever um texto com o mesmo objetivo. Que dificuldades você encontraria? Converse com os colegas.

d) Agora, converse com seus colegas e pensem em ideias para representar as descobertas de vocês sobre a história da escrita em formato de infográfico: Que imagens e recursos usariam? Que símbolos poderiam representar cada sociedade? De que modo as cores poderiam ser usadas para deixar o infográfico mais atrativo e informativo? Como os textos seriam conjugados com as imagens?

Atividade 2

» Vamos começar? Decidam com o professor se vão fazer um infográfico no computador ou no papel.

a) Para a montagem do infográfico, vocês vão precisar de um **planisfério**. É possível acessar um na internet ou imprimir diretamente do *site* do Instituto Brasileiro de Geografia e Estatística (IBGE).

planisfério representação do globo terrestre em superfície plana.

b) Definam qual será o tamanho do infográfico.

c) Decidam quais informações vão fazer parte do infográfico.

d) É importante que as informações sejam escritas de modo sintético e conjugadas com símbolos e imagens. Combinem como elas serão escritas (tipo de letra, alinhamento) para dar uniformidade ao infográfico.

e) Definam as cores, os símbolos e as setas que serão usados. Se o planisfério utilizado já for colorido, é possível imprimi-lo em preto e branco ou então selecionar cores diferentes das que estão no mapa na hora de criar os símbolos e as setas. Lembrem-se de fazer caixas de legenda explicando o significado de símbolos e cores usados por vocês.

f) Deem um título para o infográfico.

g) Façam um esboço do infográfico, prevendo onde entrará cada elemento. Deve haver uma figura com tamanho maior (neste caso o planisfério) e as outras podem variar. Calculem os espaços para os textos.

h) Em seguida, todos os grupos deverão trabalhar sobre a mesma base, colocando nela as informações que levantaram nas etapas anteriores. Com a ajuda do professor, organizem as tarefas para que todos possam ter acesso à base do infográfico e fazer sua parte.

Primo da Cidade ilustras & Co./Arquivo da editora

Infográfico – Surgimento da escrita

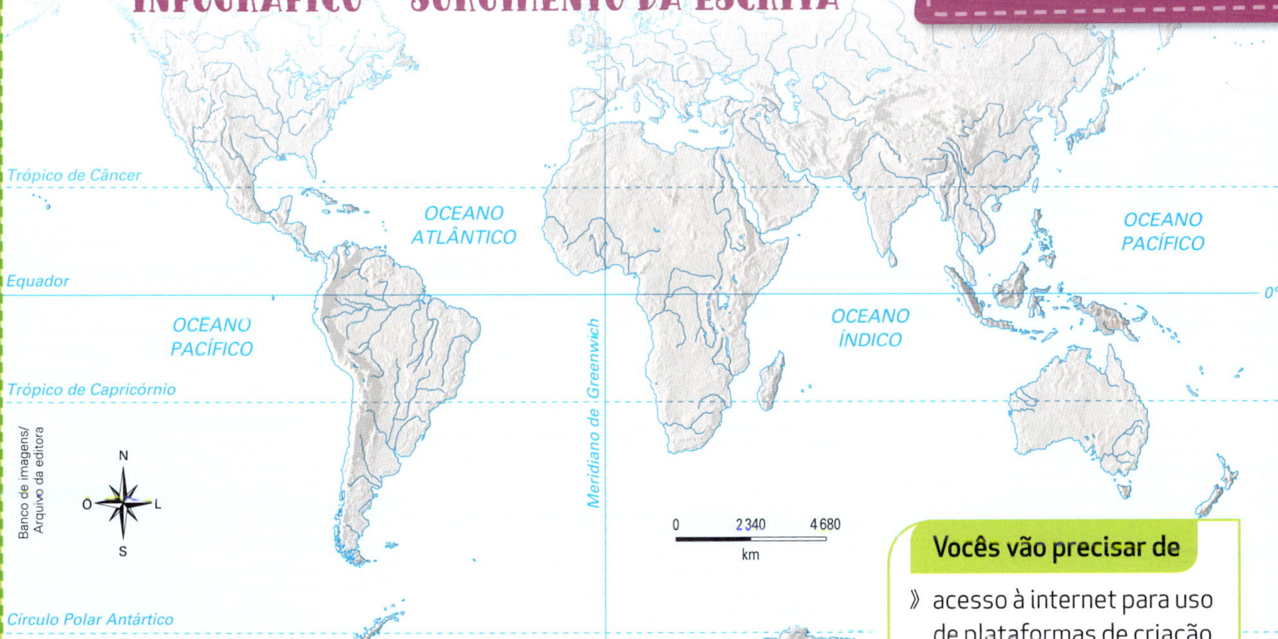

Adaptado de: *Atlas geográfico escolar*. 7. ed. Rio de Janeiro, IBGE. p. 33.

Vocês vão precisar de

- acesso à internet para uso de plataformas de criação de infográficos

ou

- planisfério impresso em folha de papel de tamanho grande – A2 ou A3
- papel *kraft*
- canetinhas e/ou lápis coloridos
- imagens dos povos estudados
- cola

» Agora é a hora de montar o infográfico de vocês e preparar a apresentação para o público.

a) Com base no levantamento feito na Atividade 2 da Etapa 2, montem o infográfico com a ajuda do professor. É importante que ele seja compreensível e comunique claramente as descobertas da turma.

b) Na hora da montagem, vocês devem seguir o esboço e, a cada inserção, avaliar o resultado para ver se está saindo como planejado.

c) Quando o infográfico ficar pronto, combinem um dia para mostrá-lo à comunidade. Nessa apresentação, vocês vão contar tudo o que descobriram sobre a história da escrita.

d) A divulgação do evento pode acontecer de maneiras diversas. Vocês podem enviar convites via celular usando *emojis* ou afixar um cartaz na porta da sala de aula com uma mensagem em código e a pergunta: *Quer saber mais? Venha conhecer nosso infográfico no dia X!*

e) No dia do evento, lembrem-se de deixar o infográfico no centro da sala de aula. Combinem se haverá uma apresentação geral e quem vai falar. Expliquem também aos visitantes como vocês realizaram o trabalho.

f) Para saber a opinião dos visitantes, deixem algumas folhas de papel sobre uma mesa na saída da sala, para que as pessoas registrem seus nomes e comentários. Vai ser muito produtivo ler o que elas escreveram.

Sejam os anfitriões

Se acharem interessante, organizem visitas guiadas em que duplas de alunos acompanham os visitantes explicando o processo todo, desde o início do projeto até a conclusão do infográfico. Usem o Diário de bordo como apoio para as falas de vocês.

Avaliação

- Você gostou de aprender sobre a história da escrita?
- Achou fácil fazer um infográfico ou teve de superar dificuldades?
- Foi possível contar com a ajuda dos membros do seu grupo?
- O que você achou do resultado final: Ficou bonito? Ficou claro e fácil de ler e entender?
- Vocês realizaram a visita guiada? Ela funcionou?
- Os visitantes apreciaram o infográfico?
- Os visitantes deixaram suas impressões? O que eles escreveram ajudará vocês a pensar em projetos futuros?

Como divulgar

O que vocês poderiam fazer para que mais pessoas conheçam o infográfico de vocês?

- Deixá-lo exposto em algum lugar da escola?
- Tirar fotos dele e postar essas fotos no *site* da escola ou compartilhar com as pessoas por aplicativos de celular?
- Fazer uma apresentação do infográfico para outras turmas da escola?

DIÁRIO DE BORDO

É sempre bom guardar registros daquilo que aprendemos, para podermos retomar quando quisermos ou quando tivermos alguma dúvida sobre o tema. Neste projeto, você já registrou muita coisa: a invenção de outra forma de se comunicar; a pesquisa sobre sociedades responsáveis pela invenção da escrita; a fala de seus colegas de outros grupos sobre a pesquisa realizada.

Agora, é hora de fazer um balanço do projeto registrando o que experimentou de mais interessante. Você pode escrever na forma de texto, dividido por itens, na forma de história em quadrinhos, com montagem de fotos, enfim, do jeito que achar mais produtivo. Alguns pontos podem ajudar a guiar seu registro:

- O que você mais gostou de aprender.
- Uma descoberta sobre a importância de trabalhar em grupo, dividindo tarefas e ajudando os colegas.
- Uma imagem que represente este projeto (pode ser uma foto, um *emoji*, um desenho, uma escrita antiga).
- Uma facilidade e uma dificuldade encontradas na realização do projeto.
- A sensação de fazer uma apresentação oral e o que isso pode ensinar sobre trocas de conhecimento na escola.
- Do que você mais gostou quando os convidados visitaram a exposição do infográfico.

SUMÁRIO DO 7º ANO

PROJETO 1 - Notícias no mundo 62

Introdução ao Projeto 1 63
Etapa 1 64
Etapa 2 69
Etapa 3 70
Atividade final 72
Avaliação 73
Como divulgar 73
Diário de bordo 73

PROJETO 2 - Matemática e música 74

Introdução ao Projeto 2 75
Etapa 1 76
Etapa 2 81
Etapa 3 84
Atividade final 85
Avaliação 86
Como divulgar 86
Diário de bordo 86

PROJETO 3 - Bumba meu boi 87

Introdução ao Projeto 3 88
Etapa 1 89
Etapa 2 93
Etapa 3 96
Atividade final 98
Avaliação 99
Como divulgar 99
Diário de bordo 99

PROJETO 4 - Máquinas simples e o dia a dia 100

Introdução ao Projeto 4 101
Etapa 1 102
Etapa 2 105
Etapa 3 107
Atividade final 110
Avaliação 111
Como divulgar 111
Diário de bordo 111

PROJETO 1

NOTÍCIAS NO MUNDO

› Como fazer as notícias circularem?

Sahpictures/Corbis/Getty Images

Atualmente, temos acesso a notícias do mundo todo de formas variadas, por inúmeros meios.

Introdução ao Projeto 1

Seja pela TV, pelo celular ou por mídias impressas, você pode ter acesso a notícias todos os dias. Já pensou em quem é responsável por escrever e divulgar os diferentes tipos de notícias que são publicadas no mundo inteiro?

Neste projeto, vamos estudar como as notícias são escritas e divulgadas. Depois, com seus colegas, você vai criar um boletim informativo com notícias em português e inglês para divulgar na sua escola! Para isso, vai utilizar seus conhecimentos de Língua Portuguesa e de Língua Inglesa. Está pronto para encarar o desafio?

Neste projeto você vai passar por algumas etapas:

- Entender como as notícias são elaboradas e como funcionam as agências de notícias.
- Compreender as etapas da produção de notícias: pesquisa e levantamento de dados, redação, revisão e publicação.
- Compartilhar informações usando um fluxograma.
- Escrever ou adaptar notícias para produzir um boletim informativo em português e inglês.
- Disponibilizar o boletim informativo para a comunidade escolar.

Reprodução/Aldeia da Criança

BOLETIM INFORMATIVO
ALDEIA DA CRIANÇA
Aldeia da Criança • Associada à Kinder in Rio e.V. • Boletim informativo • Ano 48 • nº 1 • Janeiro a julho/ 2016
A ENTIDADE QUE VOCÊ JÁ CONHECE, AGORA DE CARA NOVA!

« Exemplo de boletim informativo.

De olho no tempo

Com seus colegas, faça um levantamento das atividades propostas e programe um tempo para cada uma, fazendo um cronograma com as datas previstas. Além de definir o prazo para cada etapa do trabalho, será necessário criar um cronograma específico para a escrita das notícias que farão parte do boletim informativo.

Diário de bordo

Uma maneira de não se esquecer do que já foi feito ou decidido é anotar ideias, conversas e processos mais importantes em um caderno ou bloco de notas. Use o Diário de bordo para registrar as pesquisas que você vai fazer para descobrir como funciona um boletim informativo e também para escrever os rascunhos das notícias que serão publicadas. Em geral, os jornalistas usam um bloco de anotações, mesmo contando com celular ou gravador. A bateria do bloco de notas não acaba nunca!

ETAPA 1

Você tem ideia de como as notícias são produzidas e divulgadas pelos veículos de comunicação? A maior parte das **notícias** que circulam diariamente tanto na mídia digital como na impressa é produzida em **agências de notícias**, por **jornalistas** e **repórteres**. Essas empresas vendem as notícias e **reportagens** para seus clientes: jornais, revistas (impressos ou digitais), emissoras de rádio e televisão e plataformas digitais do mundo inteiro.

Os veículos de comunicação em geral também têm uma equipe própria de jornalistas. Essa equipe pode trabalhar tanto fazendo a cobertura dos acontecimentos diretamente como usando as informações das agências para redigir as suas notícias. Alguns veículos simplesmente selecionam e reproduzem as notícias que compram das agências, oferecendo a seu público um **boletim de notícias**. As grandes agências de notícias têm escritórios em diversos países e são responsáveis pela maior parte das notícias que circulam no mundo.

notícias relatos de fatos e acontecimentos atuais de interesse público, veiculados em jornal, televisão, rádio, revista, *site*, etc.

jornalistas profissionais que exercem atividade jornalística, como redator, repórter, colunista, em órgão da imprensa (jornal, revista, rádio, televisão, etc.).

repórteres profissionais que procuram e investigam fatos e acontecimentos para divulgá-los.

reportagens atividades jornalísticas que procuram investigar mais profundamente uma informação ou um assunto e transformá-lo em matéria de noticiário. São também o nome do resultado desse trabalho.

Se liga

A primeira agência de notícias foi a Havas, fundada em 1835, em Paris, pelo escritor e jornalista francês Charles-Louis Havas. Ela existe até hoje, com o nome de Agência France-Presse (AFP), e é uma das três maiores agências de notícias do mundo.

Neale Haynes/Contour/Getty Images

Jornalistas recebem notícias dos escritórios regionais, pesquisam informações e criam conteúdo em agência de notícias. Na foto, vista geral da BBC News em Londres (2014).

FAKE NEWS

Nos últimos anos, com o avanço das redes sociais, a distorção ou invenção de informações vem crescendo. É o fenômeno das *fake news*.

Uma notícia ou uma reportagem sempre carregam o ponto de vista de quem escreve ou do veículo que as publica. Ou seja, não são a verdade pura, pois há um tanto de interpretação de quem escreveu. Mas as *fake news* são diferentes disso. Você provavelmente já ouviu falar desse termo em inglês, usado para designar notícias inventadas, boatos ou fatos distorcidos. Algumas das perguntas que podemos nos fazer são: Por que essas notícias falsas circulam? Quem ganha com essas notícias? A quem interessa desinformar as pessoas, transmitindo notícias mentirosas? O que podemos fazer para não sermos enganados? Como saber se uma notícia é verdadeira ou falsa?

Para reconhecer as *fake news* é importante: ler a notícia completa, conferi-la em *sites* especializados em averiguar boatos, verificar a data e a fonte.

A divulgação das *fake news* tornou-se mais fácil nas redes sociais, nas quais o anonimato de quem publica e a amplitude da rede mundial (***world wide web***) são aliados de quem está interessado em espalhar informações falsas pelo mundo. Outro fator que pode facilitar a disseminação de notícias falsas e ampliar seu alcance é a utilização do inglês, idioma que é conhecido em quase todo o mundo.

world wide web em português, significa "rede mundial de computadores". Por isso, quando digitamos um endereço na internet, muitas vezes usamos "www".

Se liga

Na história da humanidade, certas línguas foram mais faladas do que outras, em geral por motivos econômicos, políticos ou culturais. Ou seja, alguns povos impuseram sua língua e sua cultura aos povos que dominaram. Isso aconteceu na Antiguidade com o grego e com o latim, por exemplo, e em séculos mais recentes com a língua francesa.

Hoje, o inglês é considerado uma língua universal por uma série de razões, entre elas a relevância dos Estados Unidos como potência política e econômica. Além disso, esse país é o que mais investe em cinema, música e internet.

ATIVIDADE 1

» Que tal verificar como notícias sobre o mesmo fato foram publicadas em países diferentes?

As duas notícias a seguir tratam de um fato que aconteceu em 2018 e comoveu o mundo. Em 23 de junho daquele ano, 12 meninos com idades entre 11 e 16 anos e seu técnico de futebol ficaram presos em uma caverna na Tailândia por causa de fortes chuvas. Depois de 9 dias, eles foram encontrados em uma área de difícil acesso. Os resgates aconteceram entre 8 e 10 de julho de 2018 e mobilizaram a atenção do mundo todo. Todos foram resgatados com vida.

a) Leia as duas notícias do dia 8 de julho de 2018, tal como foram publicadas pelos *sites* de notícias da BBC do Brasil e da BBC do Reino Unido.

NOTÍCIA 1

Meninos presos em caverna na Tailândia: Quatro resgatados estão em "perfeitas condições"

Uma equipe internacional de socorristas retirou quatro dos garotos presos em um complexo de cavernas na Tailândia, de acordo com as autoridades. Eles foram levados para o hospital em Chiang Rai e estão em "perfeitas condições", disse o coordenador da operação de resgate.

Em coletiva de imprensa, Narongsak Osottanakorn confirmou que os quatro estão no hospital sendo examinados e que a equipe irá descansar antes de reiniciar o resgate. Segundo ele, serão necessárias 10 horas para preparar a próxima missão.

Em sua página de Facebook, a Marinha tailandesa, que vinha informando sobre a retirada dos garotos, postou: "Tenham bons sonhos esta noite".

Narongsak afirmou ainda que 90 mergulhadores estão envolvidos na operação de resgate – 40 tailandeses e 50 estrangeiros.

As autoridades decidiram começar na manhã deste domingo a arriscada operação para tirar 12 garotos e seu técnico de futebol de um complexo de cavernas na Tailândia – onde eles estão presos há duas semanas – com receio de que a chuva dificulte ainda mais a situação.

De acordo com o repórter da BBC Dan Johnson, médicos examinaram o grupo no sábado e decidiram que os que estão mais fracos seriam retirados primeiro.

O grupo está na saliência de uma rocha 4 km adentro do complexo Tham Luang, o quarto maior do país. Fortes chuvas estão previstas para este domingo na província de Chiang Rai, onde fica a caverna – e elas já começaram.

[...]

Os mergulhadores vinham ensinando aos 13 na caverna como respirar embaixo d'água e como usar o equipamento de mergulho. [...]

BBC NEWS – BRASIL. Disponível em: <https://www.bbc.com/portuguese/internacional-44757119>. Acesso em: 8 jul. 2018.

NOTÍCIA 2

Thai cave rescue: Four boys freed but rest must wait

*The operation to free 12 boys and their coach from a cave in northern Thailand is running "**smoothly**", the head of the operation says.*

Four boys have been brought above **ground** so far in good health, rescuers say.

The mission has now been paused for at least 10 hours as **air tanks** need to be replaced.

Rescuers decided to go ahead with the **hazardous** operation on Sunday because of fears of rising waters.

The next phase would begin on Monday morning, [...] Chiang Rai Governor Narongsak Osottanakorn said.

He corrected earlier reports that said six boys had been freed.

Divers have been guiding the boys through darkness and submerged passageways towards the mouth of the Tham Luang cave system. They have **reportedly** been able to walk the last part on foot.

Rescuers took advantage of a break in the rain to launch the mission much earlier than originally expected.

The first phase has also been conducted much faster than officials had predicted.[...]

smoothly calmamente, tranquilamente.

ground terra.

air tanks cilindros de oxigênio para mergulho.

hazardous arriscado, perigoso.

reportedly conforme relatado.

BBC NEWS. Disponível em: <https://www.bbc.com/news/world-asia-44757804>. Acesso em: 8 jul. 2018.

b) As notícias costumam ter uma parte conhecida como **lide**. Copie a tabela a seguir em seu Diário de bordo e a preencha com as informações retiradas do primeiro parágrafo da notícia escrita em português.

lide do inglês *lead* – é o primeiro parágrafo ou abertura da notícia, que resume o assunto e destaca o essencial para chamar a atenção do leitor. O lide costuma responder às seguintes perguntas: quem, o quê, quando, onde e por que ocorreu o fato.

O que aconteceu?	
Onde aconteceu?	
Quem estava envolvido?	
Como estavam os meninos resgatados?	

Se liga

Em inglês, o *lead* deve conter os *Five Ws*, isto é, informações básicas da notícia e que são as respostas às perguntas a seguir:

- *Who was involved?* (Quem estava envolvido?)
- *What happened?* (O que aconteceu?)
- *When did it take place?* (Quando isso aconteceu?)
- *Where did it take place?* (Onde isso aconteceu?)
- *Why did it happen?* (Por que isso aconteceu?)

c) Compare os títulos das notícias em português e em inglês. Que diferença existe entre eles?

d) Com base na leitura da notícia em inglês, responda às perguntas a seguir em seu Diário de bordo.
- Where is the cave?
- What did the head of the operation say?
- Why did the rescuers wish for dry weather?

e) Copie em seu Diário de bordo a alternativa correta para cada uma das questões a seguir.

1. When were the boys rescued?
   - On July
   - At August
   - In July
   - On August
2. How many boys had been freed?
   - 10
   - 4
   - 12
   - 6
3. The first phase of the rescue…
   - had been finished and all were going home.
   - had not been finished because of the heavy rains.
   - happened after the rising waters.
   - had been finished so the next phase would begin on Monday morning.

f) Converse com os colegas sobre as duas notícias lidas comparando a quantidade de informação e de detalhamento do resgate em cada uma delas.

Atividade 2

» Leia os trechos de duas notícias sobre o desembarque da seleção brasileira de futebol, no Rio de Janeiro, no dia 8 de julho de 2018, depois de ter sido eliminada da Copa do Mundo de Futebol na Rússia.

NOTÍCIA 1

Após eliminação, seleção desembarca no Rio e Tite agradece apoio da torcida

Rio, 08/07/2018 – A chegada de parte da seleção brasileira no Aeroporto Internacional do Rio de Janeiro, na manhã deste domingo, frustrou a pequena torcida que esperava desde a madrugada com muita ansiedade os sete jogadores e a equipe técnica que desembarcaram na cidade. Separados em dois grupos, uma parte foi recebida com festa pela torcida, e outra, que optou pelo portão principal, teve a recepção principalmente de quem também chegava à cidade ou esperava no desembarque do aeroporto.

[...]

A chegada de Tite foi muito comemorada, mas o técnico tentou escapar da imprensa. Em rápida declaração, disse que só queria retribuir o carinho da torcida. "Quero agradecer de coração, muito obrigado", disse aos cerca de 20 torcedores que desde às 5h circulavam pelo aeroporto à procura da comitiva.

[...]

BROADCAST. Disponível em: <http://broadcast.com.br/cadernos/financeiro/?id=QWd5N0gzOWlwbi9TWGkxM0NvSXhLQT09>. Acesso em: 8 jul. 2018.

NOTÍCIA 2

Seleção chega ao Rio sob aplausos de torcedores

Publicado em 08/07/2018 – 09:15 Por Vladimir Platonow – Repórter da Agência Brasil/Rio de Janeiro

A desclassificação do Brasil na Copa do Mundo da Rússia não diminuiu o carinho dos torcedores brasileiros, que madrugaram neste domingo (8) para receber e aplaudir o grupo, no desembarque no Rio. Desceram no Aeroporto Internacional do Galeão sete jogadores [...].

Junto veio a comissão técnica da Confederação Brasileira de Futebol (CBF), incluindo Tite, que, em entrevista, agradeceu o apoio da torcida.

"Só [desejo] retribuir o carinho que estão nos proporcionando. Eu quero, de coração, retribuir a eles todos e agradecer. Obrigado, obrigado", repetiu o técnico, que foi muito festejado pelos torcedores e ainda teve tempo de tirar fotos ao lado dos fãs, mesmo depois de já estar dentro do carro.

[...]

AGÊNCIA BRASIL. Disponível em: <http://agenciabrasil.ebc.com.br/geral/noticia/2018-07/selecao-chega-ao-rio-sob-aplausos-de-torcedores>. Acesso em: 8 jul. 2018.

a) Qual das duas notícias demonstra mais simpatia pela seleção brasileira? Por quê?

b) Identifique, no modo de usar as palavras e redigir os trechos citados, passagens que revelam posicionamento diante do fato noticiado.

c) A escolha das palavras utilizadas para noticiar o desembarque da seleção revela uma posição dos jornalistas? Converse com os colegas.

d) Diante do que foi discutido, você acha possível noticiar um fato de maneira neutra? Por quê?

ETAPA 2

Nesta etapa você vai aprender a produzir notícias e criar um boletim informativo. Veja as etapas de elaboração da notícia antes de ela chegar ao leitor.

correspondentes jornalistas encarregados de fazer matérias e coberturas em outra cidade, região ou país, distantes da sede do órgão de comunicação para o qual trabalham.

- Os **correspondentes** das agências de notícias em diversas partes do mundo selecionam fatos da região onde trabalham e escolhem quais têm importância e devem ser noticiados, segundo seu ponto de vista.
- A informação é transmitida para a central da agência em forma de notícia, reportagem, fotografia, vídeo, etc. Esse trabalho é facilitado pelas novas tecnologias de informação.
- As agências têm escritórios em diferentes cidades e países. As informações e notícias são enviadas para a central desses escritórios. Ao receberem as sugestões, os jornalistas decidem o que vale ou não a pena ser publicado.
- Se for decidido que a notícia será publicada, a central apura os fatos, redige o texto, inclui imagens, tratando a notícia. Esse processo acontece do modo mais rápido possível, para atender às demandas do mundo contemporâneo, em que se valoriza a atualidade das informações.
- Os clientes da agência – jornais impressos ou *on-line*, estações de rádio, emissoras de televisão, etc. – compram a notícia se ela tiver relação com sua **pauta**, ou seja, com os assuntos selecionados para fazer parte de seu noticiário.
- Se houver necessidade, a notícia é traduzida. Isso acontece quando uma notícia chega de uma agência internacional, por exemplo. O uso de uma agência de notícias permite que jornais e outros veículos forneçam informações sobre países onde não têm correspondentes.
- Cada cliente dá seu formato à notícia, imprimindo seu estilo e sua marca editorial. Se for um jornal impresso ou um telejornal, o tom da notícia costuma ser mais formal, por exemplo. Se o cliente for uma plataforma digital com linguagem menos formal, o texto da notícia será mais descontraído.

pauta roteiro em que se relacionam os principais assuntos a serem abordados em um programa de mídia eletrônica ou noticiados em uma edição de jornal ou revista.

ATIVIDADE 1

» Agora, troquem ideias com seus colegas sobre o funcionamento das agências e a produção de notícias. Organizem uma roda de conversa, dispondo-se em círculo, para discutir o tema com base nestas questões:

- As agências funcionam como vocês imaginavam?
- O tempo necessário para pôr uma notícia em circulação é curto ou longo?
- O que podem dizer sobre o trabalho dispendido?
- É fácil ou difícil atualizar uma notícia em **tempo real**?
- Vocês já conheciam o trabalho de um jornalista? O que descobriram sobre ele?
- Ficaram interessados em escrever suas próprias notícias?

tempo real tipo de cobertura jornalística realizada no momento em que os fatos ocorrem.

ETAPA 3

Nas etapas anteriores você aprendeu como são produzidas notícias e reportagens, como elas são reflexo da forma de pensar de quem escreve, como é importante sempre averiguar as fontes daquilo que lemos e como é a rotina de uma agência de notícias. Chegou a hora de começar a fazer o boletim informativo! Preparado?

Para criar o boletim, vocês vão se organizar como se estivessem em uma agência de notícias ou em uma redação de jornal. Vão criar uma pauta com os assuntos a serem pesquisados, escrever notícias ou adaptar textos de outros veículos de informação e selecionar notícias internacionais que sejam do interesse da comunidade escolar. As notícias podem tratar de assuntos relacionados à escola, ao seu município, ao nosso país e ao mundo. A reunião de pauta vai decidir o que será publicado! Vamos começar?

Atividade 1

» O primeiro passo para a escrita do boletim informativo de notícias é preparar a pauta.

a) Conversem em pequenos grupos organizados pelo professor e escolham os assuntos que acham que devem fazer parte do boletim.

b) Depois, apresentem as sugestões do grupo para a classe e decidam, por votação, o que vai entrar no boletim.

Iniciando o boletim

Para compor o boletim, vocês devem:

- escrever notícias;
- selecionar notícias que estão em *sites*, adaptando-as ou reproduzindo-as como estão.

Os critérios devem ser:

- a confiabilidade dessas notícias;
- se estão escritas de modo que os leitores compreendam facilmente;
- o tamanho, pois uma das características do boletim informativo é ser composto de matérias curtas.

Hero Images/Getty Images

Atividade 2

» É hora de praticar a redação de notícias.

a) Escolha um dos assuntos da pauta que foi definida e escreva, em seu Diário de bordo, uma notícia sobre ele.

b) Após a escrita do texto, troque seu Diário de bordo com um colega; cada um de vocês revisa a notícia que o outro escreveu. Aponte no texto do colega trechos que podem ficar mais claros e indique problemas na escrita.

c) Com base nas sugestões de seu colega, faça uma revisão do texto, corrigindo o que achar necessário e adequando-o à norma-padrão da língua portuguesa.

A notícia e suas marcas específicas

- As notícias têm um título e, algumas vezes, também um subtítulo. Os títulos devem ser objetivos e despertar a atenção do leitor. Os verbos devem ser usados no presente do indicativo. Por exemplo:

  Alunos do 9º ano organizam torneio esportivo em nossa escola

- A parte inicial da notícia deve responder ao lide (o quê, como, quando, onde, com quem e por quê), informando o leitor sobre o fato noticiado.
- O texto da notícia deve ser objetivo, trazendo as informações e usando verbos no passado. É possível usar adjetivos e advérbios e escolher palavras e expressões que revelem a opinião de quem escreve, como:

  Mais uma vez o torneio esportivo organizado em nossa escola pelos alunos do 9º ano foi um sucesso

- O texto da notícia deve seguir a norma-padrão da língua portuguesa.
- As informações que compõem as notícias devem ser conferidas por meio de pesquisas em mais de uma fonte.
- Sempre que possível, o fato noticiado deve ser ilustrado com fotos, desenhos, mapas, etc.

Atividade 3

» Agora vamos escolher as notícias em inglês que farão parte do boletim. São muitos os temas de interesse global que podem chamar a atenção de seus leitores: um torneio esportivo internacional, descobertas científicas e conflitos em outros países, por exemplo.

a) Selecione uma notícia de um portal internacional. Você pode publicá-la como está ou adaptá-la, simplificando-a para melhor compreensão do público-alvo.

b) Siga os mesmos critérios de elaboração de notícias em português (A notícia e suas marcas específicas). Escreva a notícia em seu Diário de bordo.

c) Troque seu Diário de bordo com um colega e façam a revisão das notícias que escreveram.

ATIVIDADE FINAL

BOLETIM INFORMATIVO COM NOTÍCIAS EM PORTUGUÊS E INGLÊS

» Chegou a hora de montar o boletim informativo.

a) Formem grupos. Cada grupo deve selecionar as notícias que vão entrar no boletim com base no material que foi organizado nas atividades anteriores.

b) Com o professor, façam a montagem do boletim com a contribuição de cada grupo.

c) Acrescentem imagens para ilustrar as notícias.

d) O boletim pode ser disponibilizado de modo físico, em um mural da escola, ou de modo digital, postado no *site* da escola, por exemplo. O tamanho do boletim vai depender do número de notícias escolhido para fazer parte dele.

e) Convidem a comunidade para conhecer o boletim informativo de vocês. Pode ser no final do período de aula, por exemplo.

f) Uma ideia é fazer um evento de lançamento do boletim. Pode ser preparada uma apresentação em que vocês contam como foi o processo de criação e o que aprenderam sobre como as notícias circulam no mundo e sobre a importância de buscar notícias e fontes confiáveis.

Você vai precisar de

- computador com programa de edição de texto
- papel *kraft*
- folhas de papel sulfite
- lápis e canetas coloridas
- imagens (fotos, ilustrações, gráficos, etc.)
- tesoura sem pontas e cola

Comunidade Escolar
CEI SÃO JORGE
Café Literário reuni familiares das crianças no CEI

Reprodução/CEI São Jorge

COMO MONTAR UM BOLETIM INFORMATIVO

Antes de iniciarem a montagem do boletim informativo, decidam o número de notícias que vai compor essa edição. É possível usar apenas duas notícias de cada grupo ou mais. Sigam os passos abaixo para a composição do boletim:

1. Antes de digitar a versão final do boletim, revisem as notícias. Elas devem ser curtas e precisas.

2. Decidam de que modo vão indicar aos leitores que se trata de um boletim com notícias em português e em inglês. Vejam se haverá um espaço delimitado para as notícias em português e outro para as notícias em inglês, se elas estarão misturadas ou agrupadas por assunto.

3. Organizem a quantidade de notícias e decidam sua localização, cuidando da estética e do formato e tamanho da letra, procurando garantir a legibilidade do boletim.

4. Para o boletim em formato de mural, usem as folhas de papel sulfite para imprimir as notícias e colar no papel *kraft*. Para a versão digital, acessem um programa de edição de texto que auxilie na criação de textos jornalísticos e digitem as notícias no modelo de Boletim informativo.

5. Criem uma diagramação parecida com as dos boletins digitais, usando imagens com legendas e textos divididos em duas ou mais colunas, por exemplo. Lembrem-se de usar imagens para equilibrar as informações verbais e não verbais.

diagramação disposição gráfica de textos e imagens em uma página.

Avaliação

- O que você aprendeu sobre os bastidores das notícias?
- Achou importante refletir sobre as *fake news*?
- Gostou de definir a pauta do boletim informativo?
- Percebeu a necessidade de manter-se bem informado e de verificar a confiabilidade das notícias que acessa?
- Você acha que o boletim de vocês pode ser útil para a comunidade? Por quê?
- As pessoas gostaram do boletim?

Como divulgar

Agora que todos já conheceram o boletim de vocês, o que pode ser feito para que outras pessoas também possam lê-lo? Vocês podem:

- Fazer vídeos ou **podcasts** com a leitura das notícias para postar no *site* da escola?
- Disponibilizar o boletim para leitura na biblioteca da escola?

Que tal fazer um boletim mensal ou semestral com sua turma? Conversem com seu professor sobre essa possibilidade.

Lembrem-se de pensar em como atingir todo o público, até mesmo aqueles que não podem ler as notícias. O que poderia ser feito para todos terem acesso ao boletim? Pensem em estratégias que possibilitem às pessoas com deficiência visual ter acesso às notícias, como a gravação de áudios, por exemplo.

podcasts: arquivos digitais de áudio com conteúdo variado que têm como objetivo transmitir informações pela internet.

DIÁRIO DE BORDO

Você aprendeu muito com este projeto: discutiu as *fake news*, leu e trocou ideias sobre o funcionamento das agências de notícias, definiu a pauta e escreveu coletivamente um boletim informativo. Agora, use seu Diário de bordo para registrar sua experiência com este projeto. O roteiro a seguir pode ajudá-lo nessa tarefa.

- Tire uma foto do boletim informativo finalizado para colar em seu Diário de bordo.
- Escreva sobre a notícia que mais chamou sua atenção e explique por quê.
- Descreva como se sentiu fazendo o projeto. Você pode resumir suas sensações em duas frases: uma sobre o que mais gostou de fazer e outra sobre seu maior desafio no projeto.
- Escreva um parágrafo comentando como as pessoas receberam o projeto e como você se sentiu ao vê-las apreciando o seu trabalho. Você se sentiu estimulado a fazer outros projetos como este?

MATEMÁTICA E MÚSICA

› Qual é a relação entre os números e a música?

Reprodução/Coleção particular

Reprodução/Coleção particular

Olivy/Shutterstock

A relação entre a matemática e a música é muito antiga. À esquerda, xilogravuras de 1492 representando Pitágoras e suas experiências musicais.

Introdução ao Projeto 2

Neste projeto, você e seus colegas vão organizar um recital de música e tocar instrumentos musicais construídos por vocês, utilizando também o corpo para criar sons e ritmos.

A base para esse desafio serão os conhecimentos de Matemática e de Arte. Durante as atividades desse projeto você vai passar por algumas etapas:

- Conhecer um pouco da história da música ocidental.
- Aprender algumas noções importantes sobre a linguagem musical.
- Divertir-se com seus colegas criando uma orquestra de sons produzidos com seu próprio corpo.
- Fazer uma apresentação musical para seus familiares e para a comunidade do entorno da escola.

De olho no tempo

Um dos segredos para o bom resultado de um projeto como este, que articula momentos de reflexão com atividades práticas e criativas, é a montagem de um cronograma com todas as etapas organizadas em uma sequência bem definida de tempo. Com a ajuda do professor e dos colegas, avaliem quantas aulas serão usadas na execução do projeto e marquem a data de início. Determinem uma data, mesmo que provisória, para a apresentação.

Ana Póvoas/Tércio Araripe/Grupo Uirapuru/Orquestra de Barro

« O Grupo Uirapuru, do Ceará, cria instrumentos de corda, sopro e percussão, todos feitos de barro, resgatando técnicas antigas de trabalho com cerâmica. Na foto (2013), apresentação do grupo no Teatro Tom Jobim, no Rio de Janeiro (RJ).

Diário de bordo

Use o Diário de bordo para registrar ideias, descobertas, anotações de estudo, rascunhos e aprendizados sobre as relações entre a Matemática e a música. Para deixar seu Diário mais interessante, acrescente fotos, desenhos, esquemas. Escreva também sobre suas músicas favoritas e registre endereços de *sites* que disponibilizam músicas gratuitas para acessá-las quando precisar.

ETAPA 1

Não se sabe ao certo quando a música surgiu como um produto da cultura humana. Foram encontradas imagens muito antigas, do início da civilização, que retratam pessoas fazendo música com o auxílio de instrumentos. Arqueólogos descobriram flautas feitas de ossos que teriam entre 20 e 30 mil anos.

Com o tempo, em várias regiões do mundo, fazer música tornou-se comum em diferentes culturas. Relatos datados do ano 4 mil a.C., no antigo Egito, registram a existência de festas em que as pessoas cantavam embaladas pelo som produzido por toques de bastões de metal em discos de madeira. Chineses, indianos, gregos e romanos, entre outros povos, celebravam situações diversas com acompanhamento de música.

Odile Noel/Redferns/Getty Images

Lira

Francis Dzikowski/Album/Fotoarena

« Parede da tumba do nobre Rekhmire mostra mulheres tocando vários instumentos. Essa pintura é do século XV a.C. e fica em Luxor.

Tomo Jesenicnik/Shutterstock

A lira e a cítara eram instrumentos de cordas muito populares entre os gregos. A lira é um instrumento musical tão antigo quanto a flauta. Aprender a tocar cítara era considerado fundamental na educação de jovens gregos. »

Cítara

MÚSICA NA PRÉ-HISTÓRIA

A palavra música, do grego *mousikê*, que quer dizer "arte das musas", é uma referência à mitologia grega e sua origem não é clara. Muitos acreditam que a música já existia na pré-história e se apresentava com um caráter religioso, ritualístico em agradecimento aos deuses ou como forma de pedidos por proteção, boa caça, entre outros. Se pensarmos que a dança aparece em pinturas rudimentares da pré-história não é difícil acreditar que a música também fazia parte dessas organizações. Nessa época podemos imaginar que muitos sons produzidos provinham, principalmente, dos movimentos corporais e sons da natureza e, assim como nas artes visuais e na dança, a música começou a ser aprimorada utilizando-se de objetos dos mais diversos. [...]

Música: um pouco de História. Disponível em: <http://www.arte.seed.pr.gov.br/modules/conteudo/conteudo.php?conteudo = 122>. Acesso em: 24 jul. 2018.

A Matemática dá o tom

A Matemática pode ser vista na Música em muitos de seus elementos: a teoria dos conjuntos, a álgebra, a teoria de razões e proporções e a teoria dos números estão entre eles.

Por exemplo, a **escala musical** – um conjunto de notas musicais – foi construída com base no raciocínio matemático.

A primeira escala musical foi criada no século VI a.C. pelo filósofo Pitágoras. Ele iniciou uma série de experimentos com sons, usando um **monocórdio**, instrumento musical de uma só corda. Assim, ele chegou a uma de suas mais importantes conclusões: a relação entre os sons tem uma lógica matemática.

Pitágoras percebeu que, ao tocar uma corda bem esticada, ela vibrava e produzia um determinado som. Resolveu então dividir a corda nas proporções 1 para 2 (1:2), 2 para 3 (2:3) e 3 para 4 (3:4), verificando como eram os sons produzidos quando tocava essas partes da corda. Ele percebeu que os sons eram diferentes, mas a maioria era agradável e combinava entre si. Repetindo tal procedimento com a composição das razões, ele construiu novos intervalos, chegando à escala pitagórica (dó, ré, mi, fá, sol, lá, si). Veja as imagens.

São oito notas: **dó, ré, mi, fá, sol, lá, si, dó**. A última nota repete a primeira, mas com uma diferença no som. Por ser a oitava nota, é chamada de oitava.

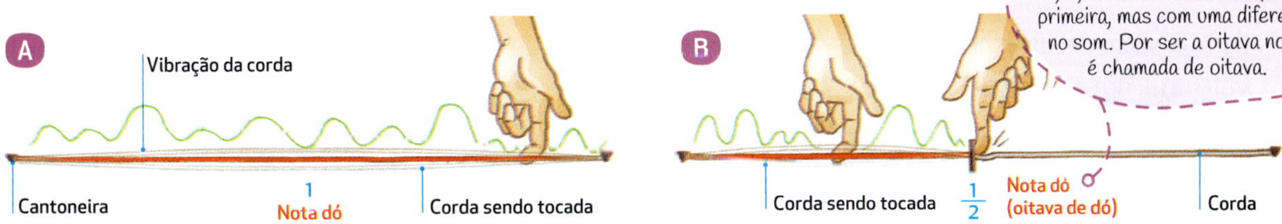

Tocando apenas uma das metades da corda, Pitágoras obtinha a mesma nota, mais grave ou mais aguda, dependendo de qual tocasse. Concluiu, então, que as oitavas estão numa razão de 2 para 1 em relação às sete primeiras notas musicais.

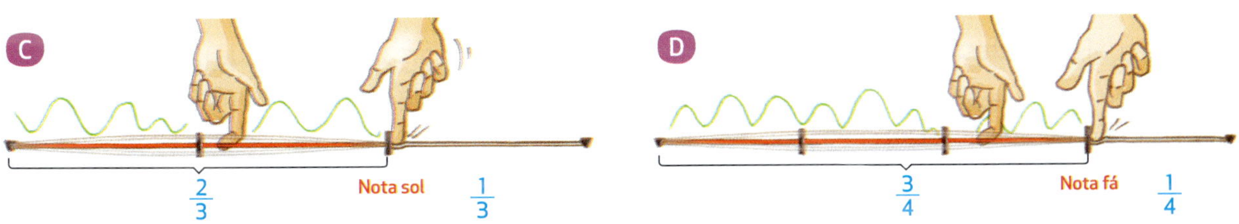

Ilustrações: Primo da Cidade ilustras & Co./Arquivo da editora

As imagens C e D mostram exemplos de mais duas notas que Pitágoras descobriu usando frações e proporções. Ele continuou o experimento, registrando outras notas além dessas.

A escala musical descoberta por Pitágoras é básica para o desenvolvimento da música ocidental. Ela inspirou a criação de vários instrumentos musicais e de outras escalas.

As **escalas musicais** são um bom exemplo de sequências ordenadas e bem definidas. Assim como as **sequências numéricas**, as escalas musicais seguem um padrão definido de intervalos, até que se retorne novamente para a mesma nota (uma oitava acima).

1	2	3	4	5	6	7	8
dó	ré	mi	fá	sol	lá	si	dó

É possível começar a escala com qualquer uma das sete notas. A oitava sempre repete a primeira nota, com variação de som.

dó: uma oitava acima do primeiro dó

Nome das notas

É bom saber que a nomenclatura das notas que Pitágoras descobriu não foi dada por ele. Os nomes dó, ré, mi, fá, sol, lá, si teriam sido atribuídos às notas pelo monge italiano Guido D'Arezzo, que viveu no século XI, e depois pelo musicólogo italiano Giovanni Battista Doni, que viveu no século XVII.

Entre as notas musicais há um **intervalo** que chamamos de **sustenido**, cujo símbolo em uma escrita musical é #. Assim, temos dó, dó# (dó sustenido), ré, ré# (ré sustenido), mi, fá, fá# (fá sustenido), sol, sol# (sol sustenido), lá, lá# (lá sustenido), si. Quando uma nota é acrescida de um sustenido significa que ela está meio tom acima de sua forma natural. Como você pode ver, as notas mi e si não têm sustenido.

Podemos enxergar aqui a noção de conjunto da Matemática. A escala pode começar com uma nota qualquer e seguir uma sequência bem definida de intervalos até voltar à mesma nota. As possibilidades de combinação e sequência das notas são inúmeras. Podemos combinar notas para criar diferentes escalas em que algumas notas não são tocadas. Exemplos:

dó - ré - mi - sol - lá
dó - ré - mi - fá - sol - lá - si - dó
dó - ré - ré#, fá - sol - sol#, lá#, dó

Atividade 1

» Agora, você vai utilizar seu corpo como se fosse um instrumento em que cada parte indicada abaixo vale uma nota musical.

dó	ré	mi	fá	sol	lá	si
barriga	pé	nariz	joelho	cabeça	cintura	ombro

a) Todos os alunos ficam em pé. O professor vai falar uma sequência de notas e cada aluno deve tocar a parte do corpo correspondente.

b) Depois, o professor vai escrever uma escala na lousa, isto é, uma sequência de notas. Ao comando dele, os alunos devem, em um mesmo ritmo, seguir a escala proposta terminando na mesma nota que começou. Um exemplo:

mi	fá	sol	si	mi
nariz	joelho	cabeça	ombro	nariz

c) Para que todos obedeçam ao mesmo ritmo, o professor combinará um comando, por exemplo, uma batida de palmas: seguindo a escala proposta, uma parte do seu corpo deve ser tocada a cada batida de palmas. O professor vai acelerar o ritmo aos poucos.

Atividade 2

» A proposta agora é criar uma escala musical relacionando cada nota a uma parte do corpo (não é necessário repetir as partes do corpo utilizadas na atividade anterior). Em seu Diário de bordo, escreva a sua sequência como no exemplo ao lado:

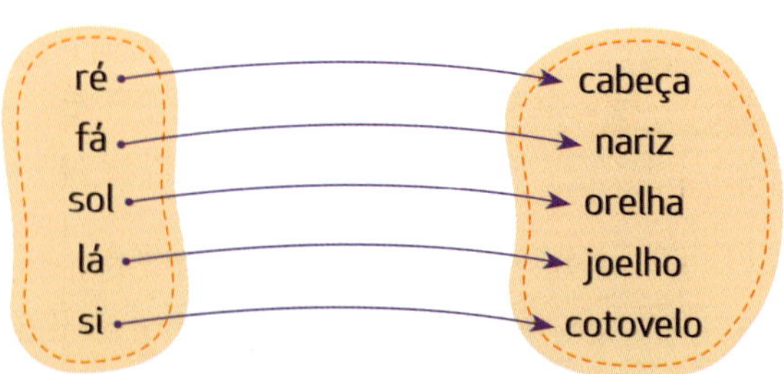

» Como você pode observar, são dois conjuntos em que o elemento de um tem relação com um elemento de outro conjunto.

- Com um colega, tente executar sua escala, ensinando a ele a sequência de notas e sua correspondência com as partes do corpo. Para orientá-lo, peça a ele que siga o desenho dos conjuntos que você fez em seu Diário de bordo.

Atividade 3

» Ao lado, está representado um teclado de piano. As teclas brancas são as notas naturais e as teclas escuras na parte superior são os sustenidos. Para a atividade, considere somente as teclas brancas. A primeira tecla representa a nota dó.

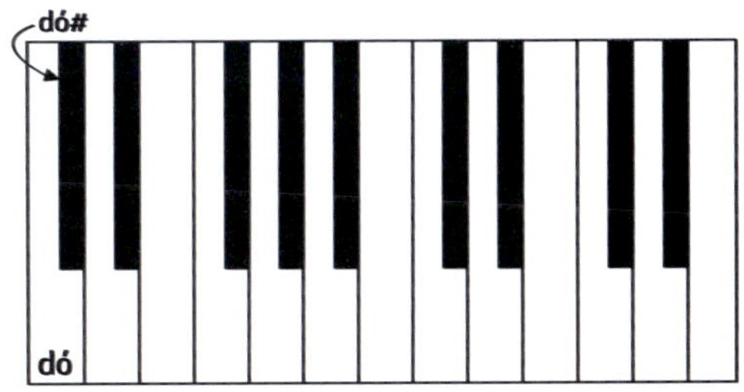

Banco de imagens/Arquivo da editora

a) Agora, reproduza o teclado no seu Diário de bordo.

b) Observe a sequência de notas abaixo. Cada nota tem um número que indica a ordem em que ela será tocada. Você deve identificar a tecla correspondente a cada nota e registrar no teclado do Diário o número correspondente. Perceba que, para indicar as oitavas, utilizamos o símbolo 1/8 depois da nota correspondente (exemplo: ré – ré 1/8).

dó	fá	si	ré 1/8	sol
1	2	3	4	5

Atividade 4

» Vamos construir um monocórdio pitagórico?

Em trio, você e seus colegas vão construir o instrumento musical inventado por Pitágoras. Observe as imagens para se orientar.

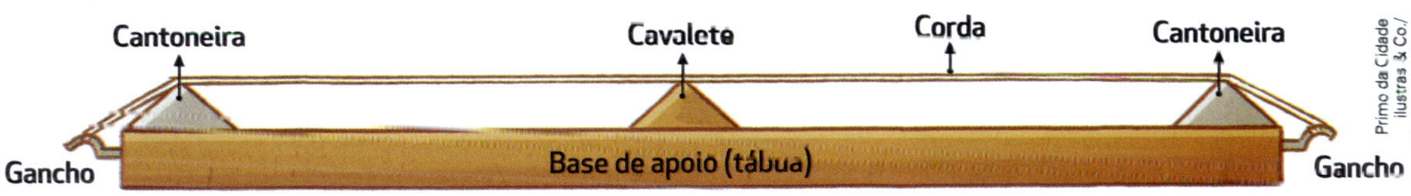

Primo da Cidade ilustras & Co./Arquivo da editora

Você vai precisar de

- uma tábua de madeira com cerca de 80 cm de comprimento, 10 cm de largura e 5 cm de espessura
- um cavalete móvel (estrutura que serve de suporte e que ficará embaixo da corda, de modo que, ao mexê-la, haverá uma variação das notas musicais), que pode ser um pedaço de madeira fino em cima e mais grosso embaixo
- uma corda de violão (de preferência, a corda mais grossa, cujo nome é mi)
- dois ganchos com rosca (para fixar a corda)
- duas cantoneiras (para manter a corda esticada) – cantoneiras de metal fazem o som ficar mais vibrante do que cantoneiras de madeira
- uma régua (para medir as frações)

COMO FAZER UM MONOCÓRDIO

Siga os passos:

1. Com a ajuda do professor, parafuse cada gancho, em uma das extremidades da tábua, nas laterais. Eles servem para a fixação da corda.

2. Fixe as duas cantoneiras nas extremidades da tábua, na parte superior. Elas vão servir de apoio e deixar a corda elevada em relação à tábua.

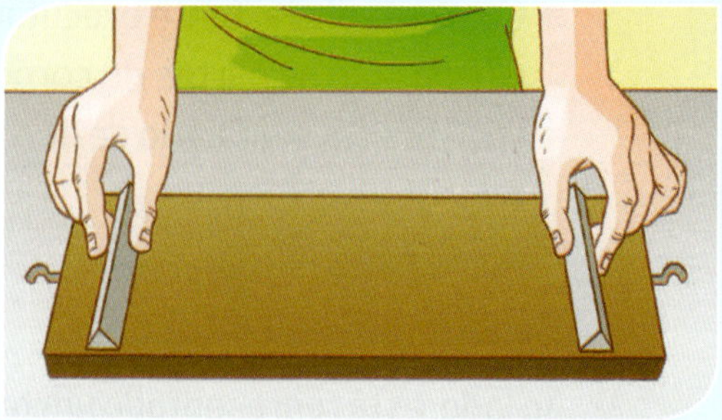

3. Com a ajuda do professor, amarre a corda nos dois ganchos. Ela deve ser regulada até ficar bem esticada, a ponto de emitir som quando tocada.

Para registrar as notas no monocórdio

4. Coloque o cavalete de madeira entre a tábua e a corda. Ele deve ser um pouco maior que a altura da corda esticada em relação à tábua, para criar tensão na corda em determinados pontos. Essa peça é móvel e com sua movimentação será possível fazer as divisões da escala.

5. Inicialmente, toque a corda sem ela estar apoiada no cavalete. Observe o som obtido.

6. Agora, coloque o cavalete no meio. Nessa posição, ao tocarmos a corda, temos uma nota "partida ao meio": ela é mais aguda do que a nota tocada quando a corda não está apoiada no cavalete. Essa nota aguda está uma oitava acima da nota obtida com a corda "solta". Ao tocarmos a corda inteira, temos o primeiro dó; ao tocarmos uma das metades (1/2) da corda, temos o segundo dó, uma oitava acima. Na outra metade teremos o segundo dó uma oitava abaixo, mais grave.

7. Use lápis coloridos para as linhas que indicam frações. Registre na parte de cima ou debaixo da tábua os números e a nota. Escreva 1 e "Dó" na extremidade esquerda da tábua. No meio da tábua, trace uma linha vertical e escreva "1/2"; embaixo, escreva "Oitava de Dó"; e assim por diante.

8. Agora, calcule e marque as frações na tábua e as notas correspondentes, seguindo a tabela abaixo e com a ajuda do professor (veja a figura da página 77).

• 1 inteiro corresponde à nota dó
• 1/2 corresponde à nota dó uma oitava acima
• 8/9 corresponde à nota ré
• 4/5 corresponde à nota mi
• 3/4 corresponde à nota fá
• 2/3 corresponde à nota sol
• 3/5 corresponde à nota lá
• 8/15 corresponde à nota si

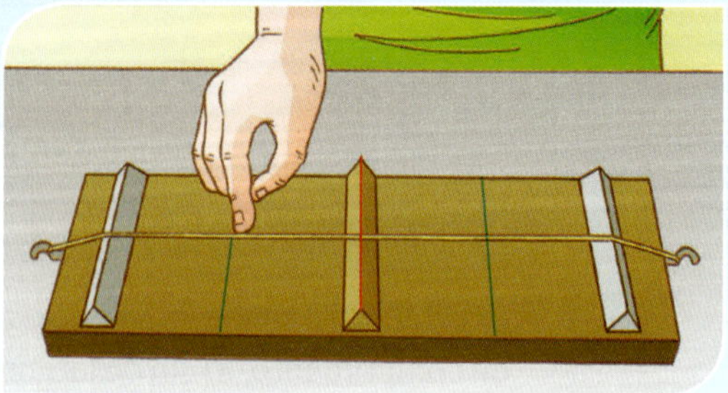

Ilustrações: Primo da Cidade ilustras & Co./ Arquivo da editora

9. Deslize o cavalete posicionando-o em cada uma das marcas que você fez e toque a corda para produzir os sons de cada uma das notas. Explore os sons da escala musical e componha sequências que lhe pareçam interessantes.

ETAPA 2

As pessoas ouvem, cantam, dançam, tocam ou transformam objetos variados em instrumentos. Esse comportamento acontece em diferentes momentos e por diversas razões: o ritmo contagiante de uma canção nos faz mexer os pés; o trecho de uma música "cola" em nossos ouvidos e saímos por aí assobiando-a sem nos dar conta. Muitas de nossas lembranças também são marcadas pela presença de músicas.

Nesta etapa você vai desenvolver atividades de escuta e descrição de sons, vai treinar o ritmo com base nos movimentos de seu próprio corpo e por fim vai construir um instrumento musical: o xilofone.

Kevin Dodge/Corbis/Getty Images

Nossos ouvidos reconhecem naturalmente sequências harmoniosas de sons.

Atividade 1

Você vai precisar de

- 1 pandeiro
- folhas de papel *kraft*
- sacos plásticos

» Crie sons de diferentes situações e interações com objetos e instrumentos musicais. Você vai desenvolver algumas noções como a de ritmo, pausa e intensidade do som, além de afinar sua percepção sonora.

Brincadeira 1

a) Sentados em círculo, cada aluno deverá criar um som com o pandeiro a partir de uma única batida. Cada aluno deve fazer uma batida diferente, ou seja, deverá criar uma espécie de **assinatura musical** que o identifique.

b) À medida que o pandeiro for circulando de mão em mão, você e seus colegas devem utilizar a criatividade para explorar aspectos desse instrumento, evitando bater com força, o que não é permitido. Observe o pandeiro de perto, explore-o a fim de descobrir como retirar dele um som que tenha uma diferença em relação ao que já tenha sido feito por seus colegas.

c) Para tanto, você pode, por exemplo, acelerar ou retardar a batida, bater com partes diferentes de seu corpo, bater em várias partes do instrumento, explorar os chocalhos.

d) Memorize sua assinatura e preste muita atenção nas assinaturas de seus colegas.

Brincadeira 2

a) A ideia agora é verificar se você consegue se lembrar das assinaturas musicais de seus colegas. Vamos fazer um **jogo da memória**.

b) **Posição**: sente-se em um semicírculo com seus colegas. O professor vai selecionar os primeiros cinco alunos. Eles devem ficar de frente para o semicírculo, a uma distância de 2 a 3 metros, um ao lado do outro. Em seguida, o professor seleciona mais três alunos. Eles devem ficar um ao lado do outro, de costas para o semicírculo.

c) Depois, em silêncio, os cinco alunos devem trocar de posição entre si, para que os três que estão de costas não saibam sua colocação.

d) **Jogo**: o professor indica um aluno do grupo de cinco para tocar sua assinatura no pandeiro. Um dos três, sem poder ver quem é, tentará se lembrar a quem a assinatura pertence. Acertando, continua a tentar adivinhar a assinatura de outros alunos do grupo de cinco. Errando, passa a vez para outro colega do grupo de três.

e) Após três tentativas sem sucesso, é substituído por um outro aluno que ainda não tenha entrado no jogo. Quando os cinco tiverem apresentado sua assinatura, o professor deve selecionar mais cinco do semicírculo, até que todos tenham participado.

Brincadeira 3

a) A turma deve se organizar novamente em um círculo. No centro, o professor vai colocar no chão papel *kraft* e sacos plásticos.

b) Em grupos de quatro alunos, vocês vão caminhar sobre o papel e o plástico tentando criar os sons mais diferentes que puderem. Durante a experiência, os demais alunos fecham os olhos e se concentram nas sonoridades criadas.

c) Terminada a experiência, os alunos podem trocar impressões sobre as sonoridades criadas pelos materiais.

Atividade 2

» O desafio desta atividade é montar outro instrumento musical, o xilofone.

a) Leia a seguir um texto que conta um pouco sobre esse interessante instrumento musical e observe a imagem.

XILOFONE

O xilofone é similar ao **metalofone**, mas suas teclas são feitas de madeira (xilo, em grego, significa madeira, xilofone significa "sons de madeira"). Seu timbre é duro e brilhante e pode ser tocado com baquetas de diversas gradações de dureza. O xilofone passou a ser usado em orquestras a partir do século XIX.

[...]

metalofone
instrumento semelhante ao xilofone, mas com teclas de metal.

Xilofone. ORQUESTRA FILARMÔNICA DE MINAS GERAIS. Disponível em: <www.filarmonica.art.br/educacional/sem-misterio/xilofone/>. Acesso em: 24 jul. 2018.

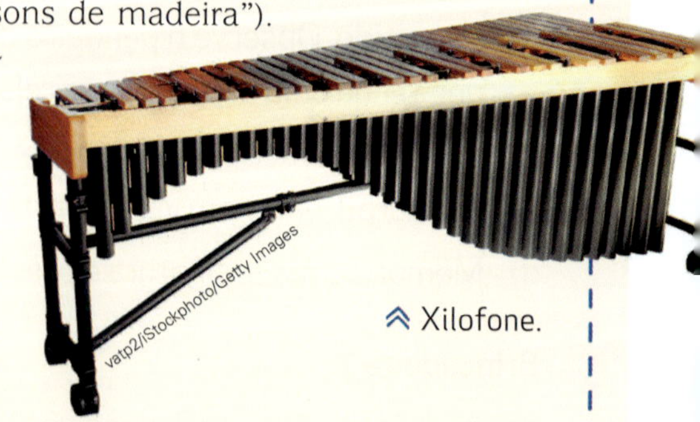

Xilofone.

b) Agora, você e os mesmos colegas que construíram o monocórdio vão construir um xilofone feito com garrafas contendo diferentes níveis de água em seu interior.

COMO FAZER UM XILOFONE DE GARRAFAS

Você vai precisar de

- 8 garrafas de vidro iguais e transparentes
- água
- corante
- baqueta ou colher de metal

Com a ajuda do professor, siga os passos:

1. Coloque a água em um recipiente aberto (balde ou bacia) e acrescente o corante até criar uma cor chamativa.
2. Na primeira garrafa, coloque a água colorida até encher.
3. A partir daí, verifique nas orientações sobre afinação a seguir a quantidade de água que deve ser colocada em cada garrafa.
4. Com a baqueta ou colher de metal, bata sem muita força em cada uma das garrafas e tente diferenciar os sons graves dos agudos.
5. Caso queira dar um destaque para seu xilofone, você pode usar corantes diferentes, criando garrafas de várias cores.
6. As garrafas podem ser agrupadas, por ordem de afinação, sobre uma superfície. Se possível, pendure as garrafas por um cordão, amarrado no bocal de cada uma; assim, a sonoridade fica mais intensa (veja a imagem a seguir).

Acertando a afinação

7. Quanto mais cheia a garrafa, mais grave será o som.
8. Para criar as notas musicais, utilize um copo medidor para auxiliá-lo na distribuição da água pelas garrafas. O volume do copo a ser usado deve ser, no máximo, igual a 1/2 do volume da garrafa. Assim, siga as correspondências dos volumes abaixo:
   - na garrafa dó, coloque 1 copo mais 3/4 de copo;
   - na garrafa ré, coloque 1 copo mais 1/2 de copo;
   - na garrafa mi, coloque 1 copo mais 1/4 de copo;
   - na garrafa fá, coloque um copo cheio;
   - na garrafa sol, 3/4 de um copo;
   - na garrafa lá, 1/2 de um copo;
   - na garrafa si, 1/4 de um copo.
9. Para ajudar na afinação, é possível também usar um instrumento musical, como a flauta. O som de cada nota na flauta serve de referência para acertar a quantidade de água nas garrafas.

DrPilulkin/Shutterstock

ETAPA 3

Você sabe o que é uma orquestra? Já teve a oportunidade de ouvir e ver uma orquestra ao vivo ou na televisão?

A origem desse agrupamento de músicos é remota. Desde a Antiguidade, era comum que instrumentistas acompanhassem as encenações dos atores no teatro. Foi somente no século XVI que a orquestra deixou de ser um acompanhamento de outras manifestações artísticas. Existem vários tipos de orquestra: o número e o tipo de instrumentos incluídos dependem do estilo de música a ser interpretada e do estilo do compositor. Observe a imagem.

Hiroyuki Ito/Getty Images

Orquestra Filarmônica de Viena se apresentando no Carnegie Hall, em Nova York, em 2018.

Atividade 1

» Vamos utilizar os conhecimentos musicais para participar do **jogo da regência**.

a) Formem grupos com a ajuda do professor.

b) Cada grupo vai escolher seu regente ou maestro, que fica à frente dos músicos, marca o tempo e controla a orquestra.

c) Cada regente vai criar uma música usando sons corporais (batidas de mão, estalos de dedos, batidas de mãos em partes do corpo, barulhos com a boca, etc.) que o grupo vai reproduzir.

d) A proposta é de que cada regente fique atento aos demais grupos e estabeleça algum diálogo musical de seu grupo com os demais.

e) Vocês podem revezar o papel de regente durante a execução da música. Assim, todos experimentam essa função, que é fundamental em uma orquestra. Essa execução pode ser gravada em vídeo.

Orquestra de instrumentos musicais construídos pelos alunos

» Chegou a hora de apresentar o trabalho de vocês para a comunidade!

Jorge Adorno/Reuters/Fotoarena

Crianças tocam instrumentos feitos com material reciclado. Fazem parte da Orquestra de Instrumentos Reciclados de Cateura, no Paraguai. Foto de 2017.

a) Com a ajuda do professor, escolham um lugar em que a sonoridade seja adequada (espaços externos ou com muitos ruídos podem interferir na qualidade da apresentação).

b) Combinem com o professor a data e o horário da apresentação. Formem grupos e se preparem para as diferentes tarefas de organização do evento.

c) Verifiquem a afinação de todos os monocórdios e xilofones construídos.

d) Testem a melhor forma de organizar os instrumentos musicais: se em um semicírculo ou em blocos, se os monocórdios à frente dos xilofones ou todos juntos sem uma ordem definida, etc. Peçam ao professor que fique de frente para a orquestra, a uma distância de alguns poucos metros, para ajudá-los a escolher a melhor formação.

e) Escolham com cuidado as músicas a serem tocadas na apresentação. Vocês podem usar os instrumentos para acompanhar uma música cantada que seja do agrado da turma. Outra alternativa é criar algumas pequenas músicas com os próprios instrumentos. Em qualquer um dos casos, é bom ensaiar bastante para que todos se sintam seguros na apresentação.

f) Criem convites explorando temas discutidos por vocês nas etapas anteriores, como escalas, notas musicais, referências à relação entre música e matemática, imagens do pensador Pitágoras e outras ideias que a turma tiver. Vocês podem também fazer convites por meio de uma mensagem sonora usando aplicativos de celular. Façam uma lista de convidados e entreguem os convites ou mensagens. Se o local permitir a presença de grande número de pessoas, espalhem cartazes pela escola.

Avaliação

- Que conhecimentos de Matemática você conseguiu articular à construção e execução dos instrumentos?
- Você teve bons momentos de interação nas discussões em grupo e nos trios de criação de instrumentos?
- Você conseguiu afinar seu instrumento? Conseguiu perceber as diferenças nas notas da escala?
- Como foi, para você, participar do concerto?
- Qual foi seu desempenho na apresentação?
- Você gostou de se apresentar ao público?
- Qual foi a reação do público depois da apresentação?

Como divulgar

Que alternativas poderiam ser criadas para mais pessoas conhecerem a orquestra de vocês?

- Fazer um registro em vídeo da apresentação e postar no *site* da escola?
- Registrar a apresentação por meio de fotos e criar um mural na entrada da escola indicando futuras apresentações?
- Combinar com os colegas e o professor e fazer outras apresentações?

DIÁRIO DE BORDO

Com a orientação do professor, é hora de registrar este projeto em seu Diário de bordo. Você já registrou vários momentos referentes a atividades realizadas, compondo com isso um rico acervo de sua trajetória pessoal neste projeto. Vale agora pensar em acréscimos finais que, na sua visão, deixem seu Diário de bordo mais completo. Finalize seu registro com fotos do evento e suas impressões sobre ele.

- Tire fotos dos instrumentos musicais que você construiu.
- Acrescente imagens de instrumentos semelhantes retiradas da internet como comparação.
- Crie uma *playlist* de músicas tocadas com os instrumentos musicais construídos neste projeto.
- Escreva como foi sua experiência em participar deste projeto e o que pôde aprender com ele.

BUMBA MEU BOI

› Vamos fazer uma festa do boi?

Marco Antonio Sá/Pulsar Imagens

Érica Catarina Pontes/Futura Press

Edmar Barros/Futura Press

« À esquerda, em cima, grupo Bumba meu boi da Fé em Deus, em São Luís (MA), em 2013. Acima, cortejo do Arrastão do Boi Pavulagem, em Belém (PA), em 2016. Ao lado, apresentação do Boi Bumbá Garantido, em Parintins (AM), em 2016.

Introdução ao Projeto 3

Pronto para aprender histórias do boi?

Neste projeto, você deverá trabalhar em grupo para estudar festas populares que têm o boi como centro e para criar uma montagem e encenação da festa do bumba meu boi.

Vamos usar conhecimentos de Língua Portuguesa e Arte para criar a nossa festa, realizando várias atividades:

- Pesquisa sobre as festas do boi da região em que você vive.
- Análise de textos verbais e visuais que tematizem as festas do boi.
- Vivência de brincadeiras, cantos e danças das festas do boi.
- Produção de um painel com os dados da pesquisa sobre as festas do boi.
- Montagem da festa do bumba meu boi.
- Encenação da festa do bumba meu boi na versão de vocês.

De olho no tempo

É importante fazer um cronograma para o projeto. Converse com o professor e os colegas para saber em quanto tempo esse trabalho deverá ser finalizado. Marquem a data de início, pensem na data em que vai ocorrer a encenação do bumba meu boi e dividam o tempo entre as três etapas previstas, mas lembrem-se de deixar um espaço maior para a Etapa 3, que demandará mais tempo.

Erica Catarina Pontes/Shutterstock

Festa do bumba meu boi em São Luís (MA). Foto de 2016.

Diário de bordo

Use o Diário de bordo para registrar descobertas e aprendizados sobre as manifestações artísticas que estudar neste capítulo e também para esboçar o painel e a encenação teatral que encerram o projeto. Faça não apenas registros por escrito, mas também visuais, como fotos, desenhos, esquemas.

ETAPA 1

Há muitas histórias do boi no Brasil. De norte a sul do país é possível encontrar variações do chamado bumba meu boi. Essas festas têm em comum o tema: a morte e a ressurreição de um boi. O que muda de um lugar para outro são as músicas cantadas, a roupa utilizada, a coreografia, o cenário.

E por que o boi? Tudo tem origem na formação do país. A criação de gado e a busca por novas pastagens fizeram com que os colonizadores desbravassem o interior do território que viria a formar o Brasil. Uma das marcas da colonização europeia no Nordeste foi a criação de **engenhos** e fazendas, em que o boi era elemento fundamental: tanto como alimento quanto para a realização do trabalho, movendo **moendas** e puxando os chamados **carros de boi**, por exemplo.

Em todo o Brasil o gado ganhou expressividade econômica. A migração nordestina para as várias regiões do Brasil ajudou ainda mais a **disseminar** as festas do boi, que foram ganhando contornos variados, como é comum nas festas de tradição oral. Segundo pesquisadores, no século XVIII já havia manifestações do bumba meu boi no território brasileiro, quando ainda existia escravidão em nosso país. Nas representações dessa festa tínhamos, de um lado, os senhores portugueses, donos de imensas fazendas e de rebanhos de gado, e, de outro, os africanos ou indígenas escravizados, que cuidavam do gado. As histórias do bumba meu boi refletem o relacionamento entre senhores e escravizados.

engenhos áreas destinadas à transformação da cana-de-açúcar em açúcar.

moendas máquinas usadas para moer, triturar algo.

carros de boi meio de transporte movimentado por um ou mais pares de bois.

disseminar espalhar, difundir.

BUMBA MEU BOI PODERÁ SER PATRIMÔNIO CULTURAL IMATERIAL DA HUMANIDADE

O Bumba meu boi, presente em todo o Estado do Maranhão, é um **complexo ritualístico** que envolve formas de expressão musical, coreográfica, cênica, plástica e lúdica. Considerado Patrimônio Cultural do Brasil desde 2011 pelo Instituto do Patrimônio Histórico e Artístico Nacional (Iphan), o Complexo Cultural do Bumba meu boi está agora se candidatando para se tornar Patrimônio Cultural Imaterial da Humanidade.

[...]

Sobre o Patrimônio Cultural Imaterial da Humanidade

O Patrimônio Cultural Imaterial ou Intangível compreende as expressões de vida e tradições que comunidades, grupos e indivíduos em todas as partes do mundo recebem de seus ancestrais e passam seus conhecimentos a seus descendentes.

[...] a Convenção para a Salvaguarda do Patrimônio Cultural Imaterial [da Unesco] é mais voltada para **salvaguarda** do que para o destaque dos bens. Assim, contribui mais para estimular a construção de políticas consistentes nos Estados-membros, e menos para produzir uma lista de bens imateriais excepcionais.

Bumba meu boi dá primeiro passo para se candidatar a Patrimônio Cultural Imaterial da Humanidade. UNESCO. Disponível em: <http://www.unesco.org/new/pt/brasilia/about-this-office/single-view/news/bumba_meu_boi_takes_first_step_to_apply_to_become_a_world_in/>. Acesso em: 14 jul. 2018.

complexo ritualístico conjunto de rituais, de caráter religioso, místico.

salvaguarda proteção concedida por uma autoridade, para garantir a preservação e a defesa de algo.

Ser reconhecida como patrimônio cultural imaterial é uma importante forma de preservar uma prática cultural tradicional, especialmente aquelas que, por não serem documentadas materialmente, na forma de livros, pinturas, edifícios ou **sítios arqueológicos**, correm o risco de desaparecer se não continuarem a ser transmitidas de geração em geração, por meio das festas populares ou outros tipos de manifestação.

sítios arqueológicos locais onde há indícios da existência de povos muito antigos, como ossos, pinturas, utensílios, ferramentas, etc. Nesses sítios, os arqueólogos realizam pesquisas que permitem saber mais de culturas e costumes antigos.

Hans von Manteuffel/Opção Brasil

Rita Barreto/Acervo da fotógrafa

O frevo é considerado patrimônio cultural imaterial do Brasil. Foto de 2015 em Olinda (PE). O Parque Nacional da Serra da Capivara (PI), onde é possível encontrar pinturas rupestres, é considerado um dos patrimônios materiais do país. Foto de 2018.

ATIVIDADE 1

» Vamos começar pesquisando a história do boi da região em que você vive. Que festa acontece? Quando acontece? Qual o enredo dessa festa? Há músicas, coreografia e personagens típicos? Quais?

COMO FAZER UMA PESQUISA USANDO A INTERNET

Utilize um computador com acesso à internet e siga os passos abaixo:

1. Na barra de pesquisa de um *site* de busca, digite as palavras-chave do assunto que deseja pesquisar, "bumba meu boi", por exemplo. Você pode refinar sua pesquisa com outras palavras-chave, como "bumba meu boi + história", ou indicando entre aspas o que deseja buscar: "história do bumba meu boi em Pernambuco", por exemplo.
2. Selecione, entre os resultados encontrados, aqueles que tiverem as fontes mais confiáveis: os *sites* cujos endereços terminam em **.edu.br** e **.gov.br** costumam ser mais confiáveis do que os que terminam em **.com.br** (*sites* comerciais).
3. Não se contente com um único *site*, sobretudo o primeiro que encontrar. Sempre leia mais de um resultado para verificar se as informações de um coincidem com as de outro, se estão completas, etc. Se continuar com dúvidas, pesquise novamente.

a) Para esta atividade você pode tanto recorrer à pesquisa em livros e na internet como conversar em casa com seus familiares.

b) Como há muitas informações para registrar, você pode organizar uma lista no seu Diário de bordo seguindo o modelo ao lado.

coreografia sequência de movimentos de uma dança.

figurino roupas usadas em uma peça teatral, apresentação de dança, festa popular, etc.

enredo sucessão de fatos que constituem uma narrativa, um filme, uma peça de teatro, etc.

c) Depois de realizar sua pesquisa, troque ideias com os colegas, observando e anotando as variações encontradas e as informações obtidas.

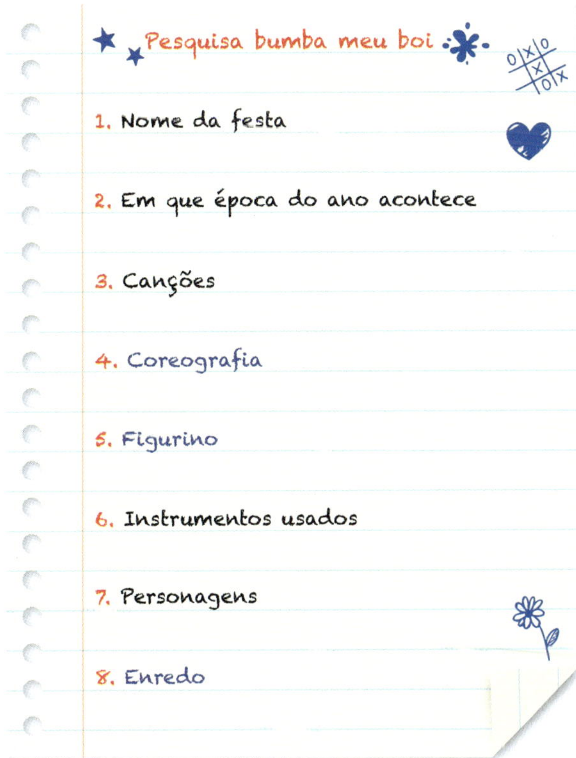

Banco de imagens/Arquivo da editora

ATIVIDADE 2

» Leia a letra da canção popular a seguir e, com um colega, responda às questões propostas. As perguntas vão ajudar vocês a refletir sobre a festa do bumba meu boi.

PAI FRANCISCO

Cantiga popular – autor anônimo

Pai Francisco entrou na roda
Tocando o seu violão
Bi-rim-bão bão bão, Bi-rim-bão bão bão!
Vem de lá Seu Delegado
E Pai Francisco foi pra prisão.
Como ele vem todo requebrado
Parece um boneco desengonçado

LETRAS. *Pai Francisco*. Disponível em: <http://www.letras.mus.br/cantigas-populares/984000/>. Acesso em: 12 jul. 2018.

Vilma Ramos/Galeria Jacques Ardies

a) A linguagem utilizada na canção apresenta algumas marcas: a simplicidade, a repetição e o uso de onomatopeias e de rimas. Por que isso é importante numa canção popular?

onomatopeias palavras que imitam certos sons e ruídos, como miau, bum, toc-toc.

b) A canção apresenta dois momentos de uma história. Quais são eles?

c) Identifiquem que trecho do enredo tradicional do bumba meu boi essa canção apresenta.

Atividade 3

» As festas do boi foram representadas em pinturas por muitos artistas brasileiros. Observe as duas obras a seguir.

Reprodução autorizada por João Candido Portinari/Imagem do acervo do Projeto Portinari

⌃ *Bumba meu boi*, de Candido Portinari, 1959 (óleo sobre madeira, de 32,5 cm × 32,5 cm).

⌄ *Bumba meu boi*, de Wilma Ramos, 2006 (acrílico sobre tela, de 60 cm × 80 cm).

Wilma Ramos/Galeria Jacques Ardies

a) Compare as duas imagens e aponte semelhanças e diferenças quanto a:
- uso das cores;
- figuras representadas;
- cenário.

b) Que figuras da festa do bumba meu boi estão presentes na tela de Wilma Ramos?

c) Você conhece o carnaval de Olinda? Já viu os **bonecos gigantes** que animam a festa? Por que você acha que eles foram representados na tela de Wilma Ramos?

d) Que elementos presentes na pintura de Portinari apontam para a tradição popular?

Wilma Ramos/Galeria Jacques Ardies

Se liga

Uma das principais marcas do carnaval de Olinda é o desfile dos bonecos gigantes, que são feitos de madeira, papel e tecidos e conduzidos pelas ruas da cidade, animando os foliões.

ETAPA 2

Agora que você conhece mais as histórias do boi, vamos montar um painel do bumba meu boi. Esse painel servirá de cenário para a encenação que vocês produzirão no final deste projeto. Para isso, você fará um *tour* virtual pelo Museu Casa do Pontal, além de uma **pesquisa iconográfica** e musical.

pesquisa iconográfica pesquisa de imagens – fotografias, ilustrações, desenhos, pinturas – para a produção de *sites*, livros, revistas, painéis, etc.

Reprodução/<http://www.museucasadopontal.com.br>

O Museu Casa do Pontal é um museu de arte popular que fica no estado do Rio de Janeiro. »

Atividade 1

» Faça a visita virtual ao Museu Casa do Pontal e utilize seu Diário de bordo para registrá-la.

COMO FAZER UMA VISITA VIRTUAL AO MUSEU

Utilize um computador com acesso à internet e siga os passos abaixo:

1. Digite o nome do museu ou o endereço eletrônico dele, <http://www.museucasadopontal.com.br>, na barra de pesquisa de um *site* de busca.
2. Clique em "Museu", na parte superior da tela, à esquerda, e depois em "Histórico", para conhecer como o museu surgiu e os tipos de obra que ele abriga.
3. Vá em "Coleção" para visualizar as obras que fazem parte do acervo do museu. Clique nas imagens das obras para vê-las em tamanho maior e para saber quem as produziu, seu tema e a cidade e o estado de origem do artista.
4. Depois de acessar as obras que lhe interessarem, faça uma busca do bumba meu boi. Para isso, clique em "Coleção" e, na lista de "Temas", que estará à direita, vá até "Festas" e escolha a opção "Bumba meu boi".
5. Leia o texto sobre essa festa e clique no nome dos artistas e das obras para conhecê-los melhor.
6. Anote as informações que mais chamarem sua atenção e também o nome de obras e de artistas de que você mais gostar.
7. Se for possível, imprima algumas das suas obras preferidas para utilizar na Atividade 2.
8. Navegue livremente pelo *site*, anotando o que considerar relevante.

Atividade 2

» Agora, você vai complementar sua visita virtual ao museu realizando uma pesquisa iconográfica sobre o bumba meu boi. Para isso, consulte livros na biblioteca de sua escola e de sua cidade e *sites* da internet.

- Copie a ficha a seguir em seu Diário de bordo e use-a para registrar as imagens que você selecionar, como indicado no modelo. Você pode imprimir, fazer cópia, fotografar ou desenhar as imagens para registrá-las.

Imagens selecionadas	Autoria	Características	Fonte
 Reprodução/Editora WMF Martins Fontes	Fernando Vilela (ilustrador)	Ilustração	*Bumba-meu-boi.* Stela Barbieri e Fernando Vilela. 2. ed. São Paulo: Editora WMF Martins Fontes, 2014.
 Ismar Ingber/Tyba		Artesanato de São Luís (MA)	

Atividade 3

» Como vimos, a festa do bumba meu boi reúne encenações, cantos e danças. Vamos fazer uma pesquisa de canções e coreografias relacionadas a essa festa para levantar preferências e testar possibilidades de trilha sonora para a encenação de vocês.

a) Para fazer essa pesquisa, você pode acessar *sites* de busca na internet, procurar na coleção de CDs em sua casa e visitar centros culturais de sua cidade em que haja um acervo musical.

b) Como na Atividade 2, use uma ficha para registrar o material encontrado no seu Diário de bordo.

Canções	Autoria	Coreografia que acompanha a canção	Fonte

Atividade 4

Vamos explorar o resultado da pesquisa de vocês antes de montar o painel? A ideia é observar as imagens trazidas, ouvir as canções, cantar, dançar e experimentar o material pesquisado.

a) Em grupos, avaliem o material que cada grupo pesquisou. Cada grupo deve mostrar pelo menos duas imagens e dizer por que as selecionou.

b) Em seguida, com orientação do professor, alguns grupos propõem a cantoria e a dança e os demais acompanham. Assim, vocês já vão se acostumando a compartilhar esses momentos uns com os outros, como farão na encenação do bumba meu boi de vocês.

Atividade 5

Este é o momento de montar o painel. Ele poderá ser feito em formatos diversos, de acordo com o que vocês decidirem. Veja abaixo algumas ideias:

- Um painel com imagens do bumba meu boi e as respectivas legendas e com textos curtos que informem sobre essa festa.
- Um mosaico feito com as imagens coletadas do bumba meu boi e um texto explicativo sobre a festa.
- Um ou dois estandartes de tecido, bastante coloridos e com enfeites, nos quais as imagens serão coladas, semelhantes aos estandartes típicos das festas do bumba meu boi. O texto explicativo sobre a festa pode ser falado antes da encenação que vocês vão fazer ou colado na porta de entrada do local da apresentação.

Lembrem-se de que esse painel fará parte do cenário da encenação de vocês, então, seja qual for a ideia escolhida, caprichem na decoração: vocês podem usar pedaços ou tiras de tecidos coloridos, lantejoulas, miçangas, etc. Cuidem para que o painel fique bonito e atraente e para que as informações principais estejam legíveis e acessíveis para o público.

Você vai precisar de

- rolo de papel *kraft*
- imagens de festas do bumba meu boi
- papéis diversos
- canetas coloridas
- tesoura sem pontas
- cola
- tecidos coloridos
- lantejoulas, vidrilhos, miçangas, etc.

Jaqueline Freitas/Arte Bonita Ateliê

Exemplo de estandarte utilizado em festa do bumba meu boi.

ETAPA 3

Como vimos até aqui, uma festa do bumba meu boi envolve vários elementos. Nesta etapa, vamos definir o cenário, o figurino, a trilha sonora, a coreografia, o roteiro, os atores e os instrumentos musicais necessários para a encenação de vocês. Não se esqueça: o boi é a figura central dessa festa, é preciso que ele seja bem colorido!

Beatrix Boscardin/Opção Brasil Imagens

» Exemplo de boi de papelão, elaborado artesanalmente.

Relembre

Cenário – conjunto de elementos que compõem o espaço de uma encenação. Podem usar o painel criado como cenário único ou usar outros objetos, como bandeirolas e tecidos coloridos.

Figurino – roupas usadas por aqueles que participam da encenação.

Trilha sonora – canções que serão tocadas e cantadas por um grupo ou por todos ao longo da apresentação.

Coreografia – sequência de movimentos de uma dança.

Roteiro – texto que serve de base para uma apresentação. Pode ser criado ou adaptado de um enredo já existente.

Atores – pessoas que participam de uma encenação. Neste caso, são necessários atores para representar os seguintes personagens: Mãe Catirina, Pai Francisco, o fazendeiro, o boi, os cavaleiros da fazenda e os músicos.

Instrumentos musicais – instrumentos que serão utilizados para acompanhar as canções.

Atividade 1

» Vamos iniciar criando o boi para a encenação. Ele pode ser feito com materiais de sucata e pode ter vários formatos. Leiam a seguir uma sugestão para a montagem do boi.

Você vai precisar de

- uma caixa de papelão grande
- uma caixa de sapatos
- papéis e tecidos coloridos
- tinta guache ou tecido na cor preta
- cola e fita adesiva
- tesoura sem pontas
- fitas coloridas, vidrilho, lantejoulas, etc.

COMO FAZER UM BOI DE PAPELÃO

Siga os passos abaixo:

1. Embrulhe a caixa de sapatos com tecido preto ou pinte-a com tinta preta. Ela será a cara do boi. Usando os papéis ou tecidos coloridos, faça o focinho e os olhos do boi e cole-os na caixa.
2. Desmonte a parte de baixo da caixa de papelão para que a pessoa que fizer o papel do boi possa entrar nela. Encape a caixa com tecido preto ou pinte-a na cor preta para formar o corpo do boi.
3. Use um pedaço do papelão que sobrou do desmanche da caixa para fazer os chifres do boi. Pinte ou encape os chifres e prenda neles fitas coloridas.

4. Faça babados para criar a saia do boi usando retalhos de tecido, fitas coloridas, vidrilho e lantejoulas. Cole quantas fileiras de babado quiser. Elas servirão para esconder as pernas de quem fizer o papel do boi na encenação.

5. Corte duas faixas de tecido para fazer as alças que servirão para prender o boi nos ombros do ator. Cole as pontas das faixas nas laterais da caixa de papelão, uma de cada lado, formando duas alças.

6. Cole ou encaixe a cabeça do boi no corpo e vista a fantasia para verificar se falta acertar alguma coisa.

7. Caso prefiram fazer uma fantasia em que o tronco do ator não apareça, basta não desmontar a parte de baixo da caixa; a pessoa que faz o papel do boi entra por debaixo dela.

Atividade 2

» Agora, pensem em qual vai ser o roteiro da encenação de vocês. No enredo tradicional, ocorre o roubo do boi, sua morte e posterior ressurreição, que termina em festa e comemoração. É possível propor alterações ou inscrir outras cenas nesse enredo.

- Com a ajuda do professor, definam quais serão as cenas, os personagens que vão aparecer em cada uma delas, quem serão os atores, em que momento as músicas serão cantadas e dançadas e como terminará a encenação. Dividam-se em três grupos para cada um responsabilizar-se por uma etapa diferente do trabalho:
  - Escrever os diálogos para as cenas do roteiro.
  - Criar os figurinos de cada personagem.
  - Criar o cenário com base no painel elaborado pela turma.

Se liga

Não se esqueçam de ensaiar até que todos se sintam seguros para fazer a apresentação. Vocês podem eleger um ou dois colegas para serem os diretores da encenação, organizando os ensaios e garantindo que tudo aconteça conforme o planejado.

Atividade 3

» Depois de decidido o roteiro da encenação, definam a trilha sonora e criem as coreografias.

a) Com base na pesquisa feita na Etapa 2, escolham as músicas que farão parte da trilha sonora. Vocês podem tocar e cantar ao vivo, usando instrumentos musicais, ou reproduzir as canções e cantar junto. Se forem usar instrumentos, enfeitem-nos com fitas coloridas.

b) Criem uma coreografia para cada música e decidam se todos da turma vão dançar todas as músicas ou se haverá uma divisão por grupos. É importante que tanto o início quanto o final da apresentação contem com a participação de todos; afinal, trata-se de uma festa coletiva.

c) Para facilitar a montagem da encenação, organizem uma tabela no Diário de bordo para ordenar a sequência de ações.

Cenas	Atores	Trilha sonora	Coreografia	Figurino
Início	|||||||||||||||||||||||	|||||||||||||||||||||||	|||||||||||||||||||||||	|||||||||||||||||||||||
Encerramento	|||||||||||||||||||||||	|||||||||||||||||||||||	|||||||||||||||||||||||	|||||||||||||||||||||||

ATIVIDADE FINAL

ENCENAÇÃO DO BUMBA MEU BOI

» É hora de encenar o bumba meu boi para seus convidados.

Joá Souza/Getty Images

Encenação do bumba meu boi por jovens do grupo A Boiada Multicolor durante o carnaval de Salvador (BA), em 2015.

a) Definam local, dia e horário para a encenação. Façam convites e cartazes coloridos e os espalhem pela escola e pela cidade para divulgar a festa. Vocês podem visitar as outras salas de aula para convidar os demais colegas e professores da escola. Podem também enviar mensagens de texto pelo celular, convidando amigos e familiares.

b) Montem o cenário no espaço escolhido para a encenação. Usem os painéis montados por vocês e outros objetos que tenham escolhido para compor o cenário.

c) Antes da encenação, façam um último ensaio geral no próprio espaço onde vai acontecer a apresentação, para se adaptarem ao ambiente.

» Lembrem-se de que o improviso faz parte da festa do bumba meu boi; portanto, é possível inventar uma saída criativa para alguma falha ou esquecimento que ocorra durante a apresentação. O público nem vai reparar! O importante é que todos participem e contribuam com a festa.

Avaliação

- Como foi participar da encenação?
- Todos da classe colaboraram?
- Você sentiu que aprendeu mais sobre essa festa e as festas de sua região?
- Você se sentiu parte do projeto, dando ideias, participando de decisões, criando cenário, figurino, trilha sonora e coreografia?
- Qual foi sua parte preferida neste trabalho: a criação ou a apresentação? Por quê?
- Você gostou de se apresentar ao público?
- Como foi a encenação? O público gostou dela?
- As pessoas participaram ativamente, cantando e dançando junto?

Como divulgar

Como vocês poderiam divulgar para mais pessoas a festa que criaram? Vamos pensar em algumas ideias?

- Fazendo um registro em vídeo da festa e postando no *site* da escola?
- Registrando a festa por meio de fotos e criando um mural na entrada da escola e em parques e praças?
- Enviando fotos e vídeos para o centro cultural ou biblioteca de sua cidade e pedindo a eles que ajudem a divulgar a festa de vocês?
- Convidando um repórter para participar da festa e escrever uma reportagem sobre o evento em um jornal do município?

DIÁRIO DE BORDO

Com a orientação do professor, é hora de registrar este projeto em seu Diário de bordo. Você já registrou a pesquisa sobre a festa do boi de sua região, sua visita virtual ao Museu Casa do Pontal, a pesquisa iconográfica e musical, além das ideias para a montagem da encenação. Finalize seu registro colando fotos, anotando detalhes do evento e suas impressões sobre ele. Você pode utilizar pedaços de tecido, fitas coloridas e lantejoulas que sobraram da montagem do cenário e dos figurinos para decorar seu Diário de bordo de acordo com o tema do projeto.

- Cole algumas fotos do evento: da fantasia de boi criada por vocês, do painel, do cenário e de outros detalhes que fizeram parte da encenação, da turma toda durante a festa e fotos que registrem a interação de vocês com o público.
- Escreva um trecho de uma das canções que vocês entoaram na apresentação.
- Descreva o sentimento de fazer parte de uma apresentação como essa, não como espectador, mas como um dos criadores do evento.

PROJETO 4

MÁQUINAS SIMPLES E O DIA A DIA

› Vamos construir uma máquina simples?

Olesiabilkei/iStockphoto/Getty Images

Alguns brinquedos, como a gangorra, podem ser classificados como máquinas simples.

Introdução ao Projeto 4

Pronto para descobrir como funcionam as máquinas simples?

Neste projeto, você vai estudar como alguns mecanismos simples fazem funcionar desde máquinas comuns até as muito sofisticadas. Poderá refletir sobre como a observação do próprio corpo inspirou grandes inventores a criar dispositivos que nos ajudam na realização de tarefas cotidianas e também o contrário: pensar em como a invenção de máquinas e dispositivos inspirou o aprofundamento nos estudos do corpo humano. Ao final, vai se divertir com seus colegas montando uma máquina diferente de todas as que vocês conhecem.

Vamos usar conhecimentos de Ciências e Educação Física para mergulhar no mundo das máquinas, realizando várias atividades:

- Investigar como funcionam as máquinas simples.
- Discutir sobre o papel das máquinas em nosso cotidiano.
- Descobrir mecanismos fundamentais para nossa vida, que muitas vezes passam despercebidos.
- Perceber as semelhanças entre alguns movimentos do nosso corpo e os mecanismos de máquinas simples.
- Refletir sobre como se constrói uma máquina.
- Construir uma máquina divertida.

DE OLHO NO TEMPO

É importante fazer um cronograma para o projeto. Leia a proposta toda, as atividades previstas e a atividade final. Converse com o professor e com os colegas para estimar quanto tempo vocês deverão dedicar a cada parte. Marquem a data de início do projeto, pensem em uma data para a apresentação da máquina que vocês vão construir e dividam o tempo entre as etapas previstas. Lembrem-se de deixar tempo suficiente para a etapa final: a montagem da máquina e a realização dos testes necessários.

asiseeit/E+/Getty Images

« A construção de uma máquina, mesmo que a mais simples, necessita de planejamento e de conhecimentos relacionados às funções da máquina.

DIÁRIO DE BORDO

Use o Diário de bordo para registrar descobertas e aprendizados sobre o funcionamento das mais diversas máquinas, das mais simples às mais sofisticadas. Anote também questionamentos que forem de seu interesse, mesmo que ainda não tenha resposta para as perguntas. Quanto mais informações você puder recolher, mais ideias futuras você certamente terá. Além das anotações por escrito, imagens, desenhos e esquemas podem ser muito úteis neste projeto.

ETAPA 1

Você sabe o que são máquinas simples? Em vários momentos da história da humanidade, os seres humanos desenvolveram dispositivos que facilitavam a realização de ações e tarefas básicas do dia a dia.

Analisar o funcionamento dessas máquinas pode ser uma boa forma de nos prepararmos para compreender máquinas mais complexas. Muitas vezes, a base de algo tecnologicamente sofisticado é, na verdade, uma estrutura bastante simples. São exemplos de máquinas simples um martelo, uma tesoura, um carrinho de supermercado.

AllStockPictures/Shutterstock

Mikko Karsisto/Alamy/Fotoarena

« Dois exemplos de máquinas criadas pelo homem: um abridor de garrafas é uma máquina simples; o computador é uma máquina complexa.

Funcionamento das máquinas simples

As máquinas simples têm como princípio básico a alteração de força de um objeto, provocando movimento, com mudança de direção ou de sentido. Numa máquina simples, três elementos se relacionam: **potência**, **resistência** e um elemento que estabelece uma ligação entre as duas forças anteriores, o **ponto de apoio**. Veja as imagens.

força agente físico que altera o estado de repouso ou de movimento uniforme de um corpo.

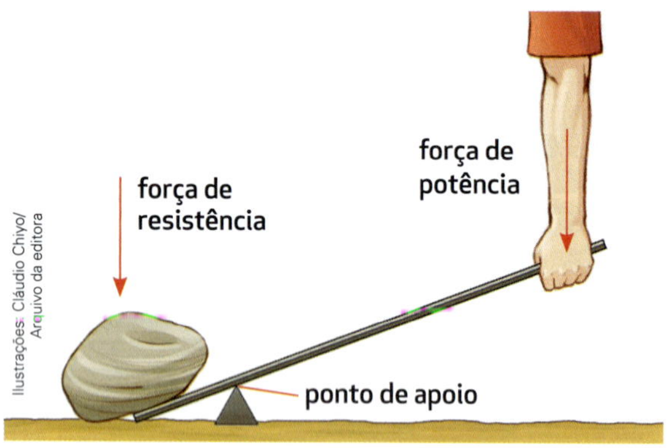

Ilustrações: Cláudio Chiyo/Arquivo da editora

Se liga

As máquinas simples podem ser feitas com um ou mais desses cinco dispositivos básicos: o **plano inclinado**, a **roldana**, o **parafuso**, a **alavanca** e a **roda com eixo**.

Atividade 1

» Nascido na cidade de Siracusa (na atual Itália), o matemático e físico Arquimedes (287 a.C.-212 a.C.) foi um dos cientistas mais importantes da Antiguidade e um dos maiores inventores da História. Com base em suas investigações sobre os princípios das máquinas simples, ele elaborou dispositivos bastante complexos.

a) Leia a descrição de cada uma das invenções e depois discuta com seus colegas se elas funcionariam ou não.

Algumas invenções de Arquimedes

A **garra** de Arquimedes foi criada para erguer navios inimigos e soltá-los de volta no mar para que afundassem, por causa da quebra do casco, por exemplo.

Bridgeman Images/Easypix Brasil/Galleria degli Uffizi, Florença, Itália.

Garra de Arquimedes. Detalhe do afresco *Stanza della Mattematica*, de Giulio Parigi, de 1587-1609. »

Science Photo Library/Latinstock

O **parafuso** de Arquimedes foi criado para abastecer as cidades com água. Uma roda-d'água acionava o parafuso, que elevava a água até torres altas, de onde era canalizada para as moradias.

« Parafuso de Arquimedes. Desenho de Gaspard Grollier de Serviere (Lyon, 1719).

b) Imagine outras situações em que essas invenções de Arquimedes poderiam ser utilizadas.

c) Anote em seu Diário de bordo os argumentos mais significativos dessa discussão.

Atividade 2

» As máquinas simples podem ser classificadas de acordo com a função que executam. Por exemplo, um abridor de garrafas facilita a retirada da tampa metálica.

Pensando nisso, indique duas máquinas simples que facilitam a execução das seguintes tarefas:

a) Subir ou descer planos inclinados; içar objetos.

b) Transportar objetos.

c) Abrir portas e janelas.

Atividade 3

» Agora, vamos pesquisar a história e o funcionamento de uma das máquinas simples mais conhecidas: a **alavanca**. Para essa pesquisa, você pode recorrer a livros ou a conteúdos da internet. Registre em seu Diário de bordo as informações mais importantes encontradas, como indicado a seguir:

a) O que é uma alavanca?

b) Quais são os tipos de alavanca?

c) Que elementos básicos formam as alavancas?

d) Quem descobriu como utilizá-la?

e) Quais outras invenções essa pessoa criou?

f) Quais são as outras máquinas consideradas as mais simples da humanidade?

Atividade 4

» As máquinas simples fazem parte de nossa vida de uma maneira tão natural que pouco refletimos sobre elas. Veja, a seguir, uma tabela com figuras representando ações que podem ser realizadas por máquinas simples manipuladas por nós, seres humanos.

a) Copie a tabela em seu Diário de bordo e escreva o nome da máquina simples que cada imagem representa.

b) Na segunda coluna, ao lado do nome de cada máquina simples, descreva a ação que ela realiza.

Nome da máquina simples	Ação realizada
 Yevhenii Orlov/ Shutterstock	
 Grandpa/ Shutterstock	
 Erkki Makkonen/ Shutterstock	
 Evgeny Kabardin/ Shutterstock	
 Olga Guchek/ Shutterstock	

c) Agora, troque ideias com seus colegas: Como seria a vida se as máquinas simples não estivessem presentes em nosso dia a dia?

ETAPA 2

Nesta etapa, você e seus colegas vão construir uma máquina simples. Diferentemente de Arquimedes, que construiu máquinas para defender sua cidade natal, Siracusa, vocês vão construir um brinquedo para se divertir usando princípios básicos das máquinas simples.

Atividade 1

» Rodas e eixos também são considerados máquinas simples. Aliás, a criação da roda talvez seja uma das mais importantes invenções de todos os tempos! Vamos construir um carrinho de garrafa PET?

COMO FAZER UM CARRINHO DE GARRAFA PET

Siga os passos a seguir:

1. Peça ao professor que corte a garrafa PET. Ela deve ficar deitada, na posição horizontal. O corte será feito apenas na parte superior. Deve ter o formato de um "U", tomando como ponto de partida a boca ou o fundo da garrafa.

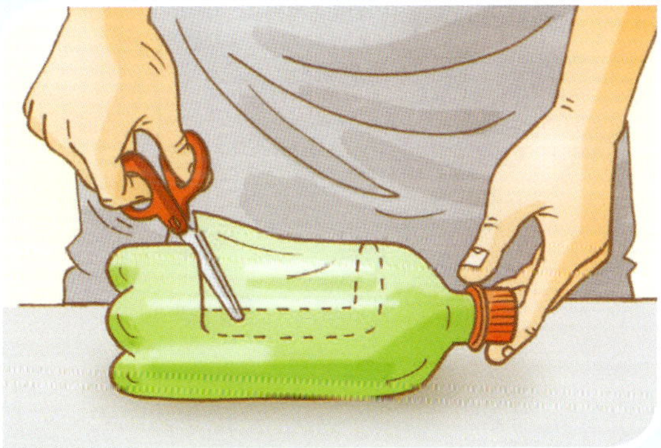

2. Use fita adesiva para cobrir a parte cortada da garrafa PET. Dessa forma você não corre o risco de se machucar quando mexer no carrinho.

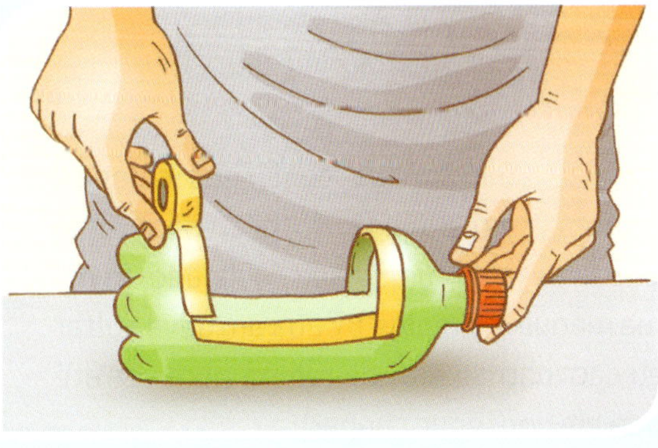

Ilustrações: Primo da Cidade ilustras & Co./ Arquivo da editora

Você vai precisar de

- 1 garrafa PET
- 4 tampas de plástico do mesmo tamanho (você pode substituir por tampas de potes de vidro, desde que sejam grandes o suficiente para que a garrafa PET não raspe no chão)
- 2 palitos de churrasco de 20 cm
- 1 pedaço de papelão
- pistola e bastão de cola quente
- fita adesiva
- tinta colorida e adesivos
- uma chave de fenda ou algo similar para fazer os furos
- tesoura sem pontas

3. Com ajuda do professor, faça 4 furos na parte inferior, onde serão colocados os eixos das rodinhas.

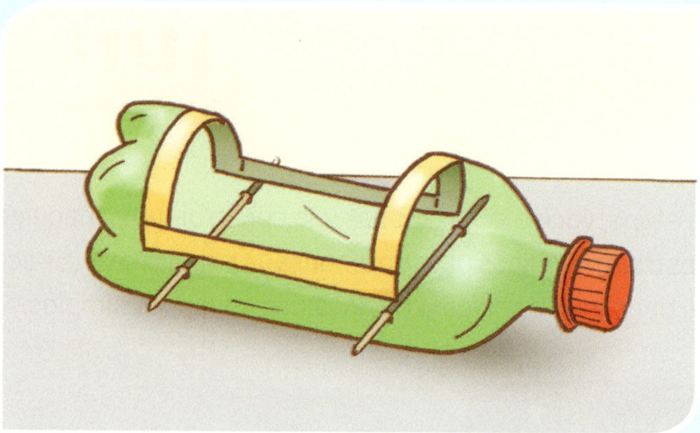

Ilustrações: Primo da Cidade ilustras & Co./Arquivo da editora

4. Encaixe os palitos nos furos atravessando a garrafa por dentro.

5. Corte 4 círculos de papelão um pouco menores que as tampinhas.

6. Fure as 4 tampinhas bem no meio e encaixe-as nos palitos.

7. Cole os círculos de papelão nas pontas dos palitos. Assim, as tampinhas ficam fixas e não escapam.

8. Com as tintas e os adesivos, personalize seu carrinho. Tente dar um toque pessoal para que seu carro chame a atenção de todos!

Atividade 2

» Organize uma corrida com seus colegas! Montem, com a ajuda do professor, uma rampa, ou seja, um plano inclinado (mais uma máquina simples!). Cada um deve soltar seu carrinho do alto da rampa para ver até onde ele consegue chegar!

Fernando Favoretto/Criar Imagem

ETAPA 3

O fascínio pelas máquinas acompanha a humanidade ao longo da História. Muitas pessoas dedicaram a vida para entender como funcionam os mecanismos mais diversos. Outros tentaram, com base em conhecimentos já adquiridos, criar máquinas que, em um primeiro momento, pareciam impossíveis de serem construídas.

Um desses geniais inventores foi Leonardo da Vinci (1452-1519). Esse artista, que ficou famoso pela tela *La Gioconda (A Mona Lisa)*, foi um exímio desenhista e um criador incansável. Você vai conhecer agora parte da obra desse grande mestre: alguns desenhos de máquinas que, em seu tempo, eram estranhas e fantásticas.

Christophel Fine Art/UIG/Getty Images

Leonardo da Vinci representou-se em muitas obras. Seu extraordinário gênio combinava um amplo conhecimento científico e matemático a habilidades de desenho e pintura. Ao lado, autorretrato do artista, feito em giz vermelho sobre papel.

Atividade 1

» A seguir, você verá dois desenhos de Da Vinci que representam máquinas complexas inventadas por ele. Para criar seus desenhos, Leonardo da Vinci baseou-se nas descobertas de Arquimedes. Seus inventos fundamentavam-se em cinco princípios básicos: o plano inclinado, a roldana, o parafuso, a alavanca e a roda com eixo.

- Escolha um desses desenhos e descreva-o em seu Diário de bordo, registrando de que máquina se tratava e como ela supostamente funcionaria.

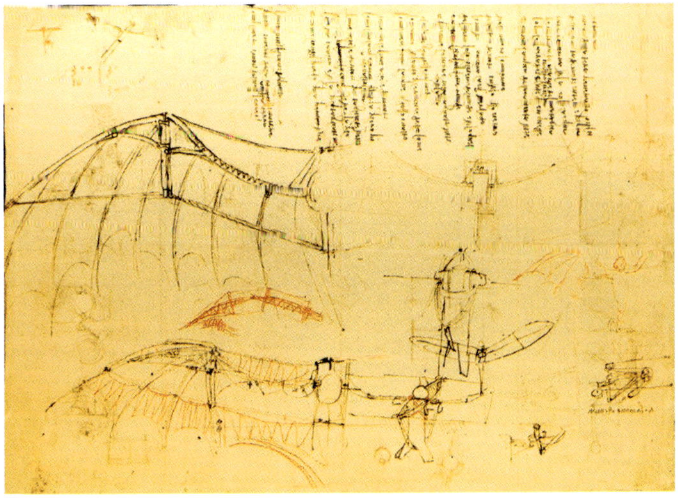

Reprodução/Biblioteca Ambrosiana, Milão, Itália.

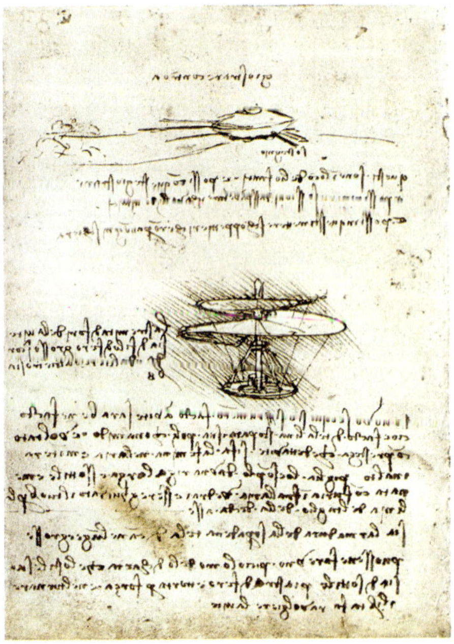

Alinari Archives/Corbis/Getty Images

ATIVIDADE 2

» Da Vinci também foi um dos primeiros estudiosos a se aprofundar no estudo da **anatomia** humana. Suas descobertas representaram grandes avanços para a Medicina.

Observe ao lado as representações do corpo humano em movimento feitas por Da Vinci e responda:

- Você consegue perceber mecanismos semelhantes aos de uma alavanca e de um giro sobre um eixo nas diversas representações do corpo humano em movimento presentes neste desenho?

anatomia área da Biologia que estuda a forma e a estrutura dos sistemas e órgãos do corpo humano.

Print Collector/Getty Images

Impressão inglesa de um desenho de Leonardo da Vinci. »

ATIVIDADE 3

» Veja a sequência de imagens a seguir. Elas retratam movimentos comuns que executamos em nosso dia a dia e, ao lado de cada uma delas, há uma representação do processo motor envolvido. Esses movimentos indicam uma atividade física que o indivíduo deve fazer para executar cada uma dessas tarefas.

wavebreakmedia/Shutterstock

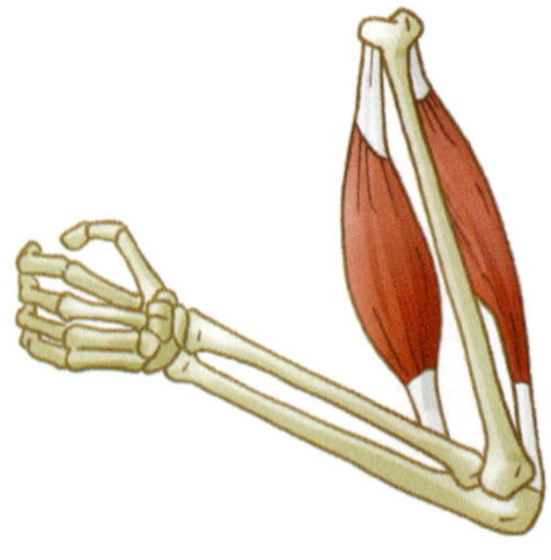
Primo da Cidade ilustras & Co./Arquivo da editora

« Levantar uma xícara.

Slater King/Dorling Kindersley/Getty Images

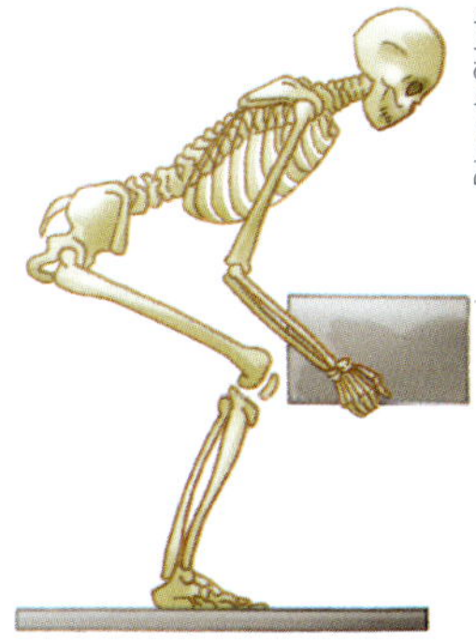

Primo da Cidade ilustras & Co./ Arquivo da editora

« Suspender um objeto.

Brook Pifer/Getty Images

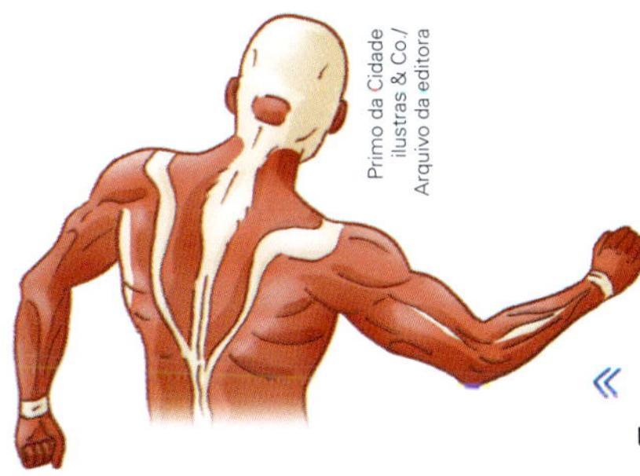

Primo da Cidade ilustras & Co./ Arquivo da editora

« Arremessar uma pedra.

a) A que máquinas simples esses movimentos podem ser comparados?

b) Pense em mais três tarefas simples do cotidiano que mostrem que alguns movimentos do nosso corpo se assemelham aos de máquinas simples, como alavancas, rodas e eixos (rotações) e plano inclinado.

c) Como vimos, cada um desses exemplos corresponde a uma atividade física. Esses movimentos, porém, poderiam também ser considerados exercícios físicos como os que são feitos numa academia ou na aula de Educação Física? Justifique sua resposta.

Atividade 4

» É hora de utilizar os conhecimentos que você adquiriu até agora em algo desafiador! Em grupo, tente imaginar, com os colegas, algumas máquinas simples que poderiam ser criadas para ajudar as pessoas a resolver estes e outros problemas recorrentes no dia a dia de que você se lembrar:

- Uma caixa se encontra no alto de um armário e está difícil de ser alcançada.
- A tampa de um recipiente de vidro está emperrada.
- Uma forma está quente demais para ser tirada do forno com as mãos.
- Sacos de cimento precisam ser levados para o segundo andar de um sobrado em reforma (sem utilizar a escada).

a) Tentem planejar como elas poderiam ser montadas. Vocês podem se basear nos cinco princípios básicos das máquinas simples: o plano inclinado, a roldana, o parafuso, a alavanca e a roda com eixo.

b) Pensem também no material necessário para a criação de cada uma dessas máquinas.

c) Depois, registrem em seus Diários de bordo desenhos e esboços das soluções encontradas por vocês, incluindo o material, os detalhes e as explicações do funcionamento de cada máquina.

Atividade final

MÁQUINAS SIMPLES E O COTIDIANO

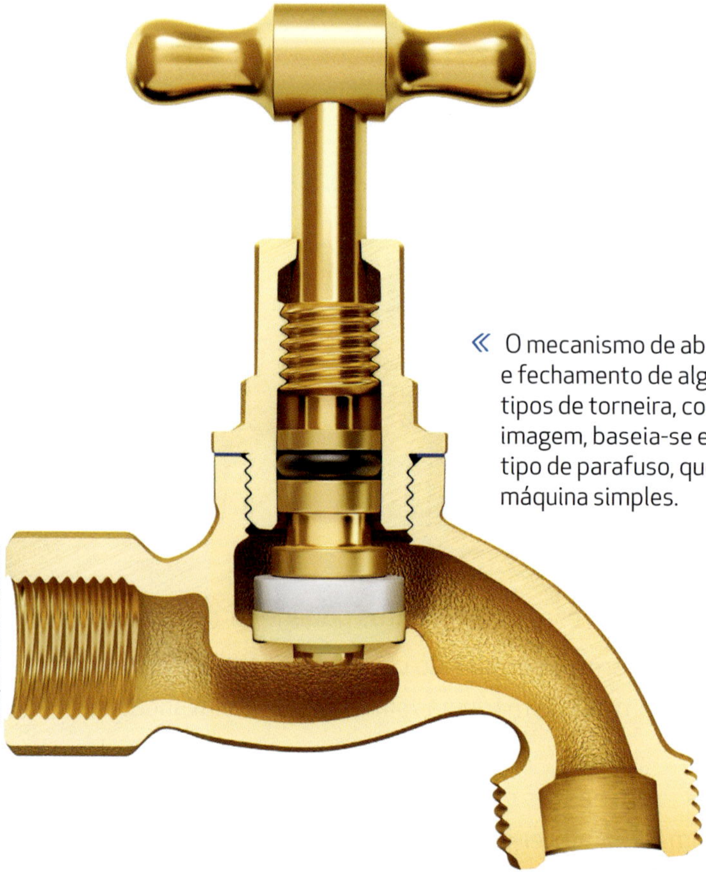

Slavoljub Pantelic/Shutterstock

« O mecanismo de abertura e fechamento de alguns tipos de torneira, como a da imagem, baseia-se em um tipo de parafuso, que é uma máquina simples.

» Ao longo das atividades deste projeto, você deve ter notado que grande parte das máquinas simples apresenta soluções excelentes para os mais diversos problemas. Você e seus colegas trabalharam bastante e aprenderam muitas coisas novas. Agora chegou o momento de realizar a atividade final do projeto.

a) Retomem os projetos de máquinas simples que vocês esboçaram na Atividade 4 da Etapa 3. Cada grupo escolhe um desses projetos para desenvolver.

b) Lembrem-se de organizar com antecedência o material necessário para a criação da máquina. Deem preferência para itens reciclados ou reaproveitados.

c) Depois de prontas, as máquinas simples construídas por vocês serão expostas para os colegas da escola e para a comunidade.

d) Durante a exposição, cada grupo deverá explicar aos visitantes para que serve a máquina construída e em quais princípios científicos sua construção foi baseada.

e) O professor pode ajudá-los a montar, na entrada da sala de exposição, um painel com as ideias de Arquimedes, os desenhos de Leonardo da Vinci e outras informações que ajudem o público a entender a proposta.

f) Para divulgar a exposição, façam convites bem coloridos e criativos e espalhem pela escola e pela comunidade.

Avaliação

- Como foi, para você, criar uma máquina simples?
- Você ficou satisfeito com a máquina que seu grupo criou?
- Foram necessárias adaptações ao projeto esboçado no Diário de bordo para que a máquina pudesse ser feita e funcionasse?
- Vocês conseguiram fazer uma boa apresentação da máquina simples feita pelo grupo aos visitantes da exposição?
- Os visitantes ficaram curiosos com a invenção do seu grupo?
- As pessoas acharam que seria interessante usar a máquina simples projetada por vocês no cotidiano?

Como divulgar

Como vocês poderiam divulgar para mais pessoas suas máquinas simples?

- Fotografando as máquinas e publicando no *site* ou no mural da escola imagens de cada uma delas acompanhadas de informações sobre seu uso?
- Deixando as máquinas expostas nos corredores da escola ou em uma Mostra de Ciências na praça do bairro?

DIÁRIO DE BORDO

Com a orientação do professor, é hora de registrar suas impressões sobre a exposição das máquinas simples em seu Diário de bordo. Você já registrou o resultado de muitas atividades ao longo do projeto, o que vai funcionar como uma memória de seu processo de aprendizagem. Para finalizar, escreva o que achou do projeto, da exposição e do que as pessoas comentaram e registre as informações que se mostraram mais significativas para você durante as etapas. Acrescente também algumas fotos, desenhos e esquemas.

- Escolha algumas máquinas, além da sua, para fotografar e registrar.
- Faça uma legenda para cada máquina, explicando seus usos e funcionalidades.
- Escreva um parágrafo sobre como o público interagiu com a exposição.
- Registre uma dificuldade e uma facilidade que você sentiu ao longo deste projeto.
- Relate como seu entendimento sobre a ciência, sobre as descobertas científicas e sobre a Educação Física se modificou após a realização deste projeto.

BIBLIOGRAFIA

Apresentamos a seguir as principais obras consultadas durante a realização deste material.

Livros

ABDOUNUR, Oscar João. *Matemática e música*: o pensamento analógico na construção de significados. São Paulo: Escrituras, 2010.

ANTOLOGIA do cordel brasileiro. Seleção e apresentação de Marco Haurélio. São Paulo: Global, 2012.

ARAÚJO, Ulisses Ferreira de. *Temas transversais e a estratégia de projetos*. São Paulo: Moderna, 2003.

ARNOLD, Nick; SANDERS, Allen. *Como funcionam as máquinas*. Lisboa: Edicare, 2012.

BARBIERI, Stella. *Bumba-meu-boi*. 2. ed. São Paulo: WMF Martins Fontes, 2014.

BUCK Institute for Education. *Aprendizagem baseada em projetos*: guia para professores de Ensino Fundamental e Médio. Tradução Daniel Bueno. 2. ed. Porto Alegre: Artmed, 2008.

CASCUDO, Luís da Câmara. *Dicionário do folclore brasileiro*. 10. ed. Rio de Janeiro: Ediouro, [s.d.].

CAST, Vance C. *A água*. São Paulo: Callis, 2011. (Coleção De onde vem para onde vai).

COLL, César et. alii. *Os conteúdos da reforma*: ensino e aprendizagem de conceitos, procedimentos e atitudes. Porto Alegre: Artes Médicas, 1998.

COSTA, Sérgio Roberto. *Dicionário de gêneros textuais*. Belo Horizonte: Autêntica, 2008.

HERNÁNDEZ, Fernando. *A organização do currículo por projetos de trabalho*. Tradução Jussara Haubert Rodrigues. Porto Alegre: Artmed, 1998.

JANSSEN, F.; HOFFMANN, J.; ESTEBAN. M. T. (Org.). *Práticas avaliativas e aprendizagens significativas*: em diferentes áreas do currículo. Porto Alegre: Mediação, 2003.

MELLO, T. *Arte e ciência de empinar papagaio*. Rio de Janeiro: Civilização Brasileira, 1983.

OBEID, César. *Minhas rimas de cordel*. São Paulo: Moderna, 2013.

SANCHÉS, Solange. *A cidade dos rios invisíveis*. São Paulo: Matrix, 2016.

TAVARES, Bráulio. *Contando histórias em versos*: poesia e romanceiro popular no Brasil. São Paulo: 34, 2005.

VASCONCELOS, Luiz Paulo. *Dicionário de teatro*. 3. ed. Porto Alegre: L&PM, [s.d.].

WISNIK, José Miguel. *O som e o sentido*: uma outra história das músicas. São Paulo: Companhia das Letras, 1999.

ZATZ, Lia. *Aventura da escrita*: história do desenho que virou letra. São Paulo: Moderna, 1991.

Site

PORTAL Iphan. Disponível em: <http://portal.iphan.gov.br/>. Acesso em: 28 jun. 2018.